感谢乐施会提供研究及出版支持

中国贫困片区精准脱贫研究丛书

丛书主编◎黄承伟　王晓毅

残者有助

农村贫困残疾人群
帮扶政策评估及建议

SUPPORT FOR
THE DISABLED

Assessment for
the Poor Disabled People
in Countryside

杨立雄◎著

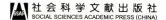
社会科学文献出版社
SOCIAL SCIENCES ACADEMIC PRESS (CHINA)

序 言

（一）

中国政府高度重视扶贫开发。改革开放以来，经过 30 多年的经济持续高速稳定发展，先后制定实施《国家八七扶贫攻坚计划（1994—2000 年）》《中国农村扶贫开发纲要（2001—2010 年）》《中国农村扶贫开发纲要（2011—2020 年）》，中国农村贫困人口大幅度减少，贫困地区面貌发生显著变化，中国成为全球最早实现联合国千年发展目标中贫困人口减半的发展中国家，在世界上产生了广泛影响。但是，按照中国政府的扶贫标准，全国还有 7000 多万贫困人口。如果按照国际贫困标准，还有 2 亿贫困人口。这些人口主要分布在 14 个连片特殊困难地区 832 个贫困县。这些地区自然条件恶劣、基础设施落后、公共服务基础薄弱、生态十分脆弱，解决贫困问题成本高、难度大，是扶贫攻坚的"硬骨头"。

党的十八大明确提出了到 2020 年全面建成小康社会的奋斗目标。习近平总书记 2015 年 6 月发出了到 2020 年现有贫困人口全部如期脱贫的动员令。这意味着要在今后的 5 年中解决 7000 多万贫困人口脱贫的问题，时间紧、任务重。时间紧是因为距离全面建成小康社会只有 5 年多的时间，在这期间，每年都要解决 1000 万以上的贫困人口脱贫的问题，时间非常紧迫；任务重是指每年要实现脱贫的贫困人口是脱贫难度最大的扶贫对象。一般的经济增长带动、一般的扶持政策措施已难以奏效，必须采取非常举措，采取政策组合拳，实施新一轮的扶贫攻坚计划。

打好全面建成小康社会的扶贫攻坚战必须全面实施精准扶贫战略。习近平总书记指出，"扶贫开发推进到今天这样的程度，贵在精准，重在精准，成败之举在于精准。搞大水漫灌、走马观花、大而化之、'手榴弹炸跳蚤'不行"，并明确要求做到"六个精准"，即扶持对象精准、项目安排精准、资金使用精准、措施到户精准、因村派人（第一书记）精准、脱贫成效精准。中国政府在动员人力物力投入扶贫攻坚战方面具有优势，为了加快脱贫的步伐，大量的人力和物力被投放到扶贫工作中；改革贫困地区地方政府的考核机制使地方政府更加关注扶贫而不再仅仅是经济增长。尽管更多的扶贫资源被动员起来，但是要使这些资源发挥更好的作用，还需要更精准和更有效的扶贫策略。精准地识别贫困人口，发现其复杂的致贫原因，制定更有针对性的扶贫策略是彻底解决农村贫困的前提。

《中国农村扶贫开发纲要（2011—2020年）》提出了对扶贫重点人群在同等条件下优先安排、重点支持的意见。这些重点人群包括少数民族贫困人口、妇女、儿童、老年人及残疾人。这些重点人群是社会中的弱势群体，最容易陷入贫困，在国际上通常被作为扶贫的重点。尽管中国在大规模的扶贫行动中也关注了这些重点人群，但是对重点人群的分析研究和实际支持力度都存在不同程度的不足，特别是对这些特殊群体的特殊要求关注不够。如果说现有贫困人口全部如期脱贫是全面建成小康社会的短板，那么，重点人群的精准扶贫、精准脱贫正是如期实现消除农村贫困战略目标的最大问题。

（二）

精准扶贫的核心是精准识别扶贫对象，分析不同扶贫对象的致贫原因，分类施策。因此，加强弱势群体贫困问题研究，对于提高精准扶贫及精准脱贫的针对性和有效性具有重要的现实意义。

我们曾经对少数民族的贫困问题进行了专项研究①，提出专项扶贫政策需要根据少数民族贫困社区减贫发展需求的特殊性进行相应完善的建议，引起了政策制定者、扶贫和民族工作实践者的积极反响。目前的这项系列研究，其研究对象是妇女、儿童、老年人和残疾人四类群体。这些群体是社会的弱势群体，在发展中经常被边缘化，因而贫困的脆弱性更高。中国政府和国内国际发展机构对他们的脱贫问题一直给予高度关注。其中，妇女儿童的发展是联合国千年发展目标中最重要的内容之一，其 8 项承诺中有 4 项承诺直接关系到妇女儿童。作为联合国《儿童权利公约》《消除对妇女一切形式歧视公约》的签约国，中国政府制定了《妇女发展纲要》和《儿童发展纲要》，强调男女平等和儿童优先的发展原则并有针对性地采取了一系列措施支持妇女儿童发展，帮助贫困的妇女儿童脱贫。比如有针对性的技能培训、信贷支持使许多农村贫困妇女受益，在健康和教育上投入的大幅度增加较大地提高了妇女儿童的健康和教育水平。中国也是《残疾人权利公约》的签约国，针对农村残疾人制定了《农村残疾人扶贫开发纲要（2011—2020 年）》，从康复、技能和资金支持等多个方面，支持农村残疾人的脱贫。农村老年贫困问题是一个普遍存在的问题，由于迅速的老龄化，以及年轻农民外流和较低的社会保障水平，老年农民的生活水平无法得到保障。国家通过提高包括医疗、养老等在内的社会保障水平对农村贫困老人提供了支持，农村老年人的社会保障水平在逐渐提高。

尽管采取了多项针对上述特殊群体的扶贫计划，但是这些特殊的群体仍然是农村脱贫中难度最大的群体，需要认真地对其进行研究，为采取更加精准、更加有效的措施提供依据。首先，作为社会中的弱势群体，这四类群体很难从一般意义的扶贫政策和项目中受益。中国的扶贫经验之一是坚持开发式扶贫与社会保障

① 黄承伟、王铁志主编《专项扶贫模式与少数民族社区发展研究丛书》，民族出版社，2013。

相结合。但是在开发式扶贫中，因为儿童和老人并不是就业人口，很难从中直接受益。而妇女和残疾人也因为自身条件和制度障碍，需要特殊的开发式扶贫政策的支持。要使对这些特殊群体的扶贫产生效果，一般性的扶贫措施是不足的，需要综合地考察特殊人群的特殊需求。而在现实中，特殊贫困群体经常处在两个范畴之间，对贫困人口的研究和对特殊群体的研究都不足以清楚地解释特殊贫困人群的状况，比如贫困妇女是贫困人群与妇女相互交叉的那一部分，尽管对于农村妇女和一般贫困人群的研究成果很多，但是在有关农村妇女的研究中针对贫困的研究不足，而一般研究贫困的往往对妇女的研究不足，本项研究则聚焦于对特殊的贫困群体状况的研究。其次，反贫困不仅仅是增加收入，而且意味着教育、健康等多方面的改善。这对于特殊贫困群体尤其重要，比如卫生和医疗对于残疾人和老年人具有特别重要的意义，而教育对儿童的意义尤其重要。在多维贫困的视角下，特殊人群的贫困状况如何，致贫的原因是什么，政策的成功和不足之处主要在哪，等等，都需要深入研究。对于这些特殊群体来说，脱贫的需求是多方面的，需要多个部门，特别是卫生、教育、扶贫、社会保障等部门的政策协同。因此对特殊贫困人群的研究需要更综合的视角。

考虑到现有贫困人口主要分布在 14 个集中连片特殊困难地区，而这些地区贫困群体中贫困妇女、儿童、老年人、残疾人的现状如何，致贫原因主要是什么，如何进行分类施策，等等，在大量调查研究的基础上，对上述问题的正确回答，无疑可以为针对这些群体的精准扶贫政策措施的制定及实施提供参考，从而提高针对这些人群的精准脱贫效果。

（三）

本系列研究的目标主要基于两个方面的考虑。

一是总结中国特殊人群的反贫困经验。中国的反贫困经验已经构成了人类反贫困知识宝库中的重要内容。在过去 30 多年中，中国在争取男女平等、消除妇女贫困、打破贫困的代际循环、改善贫困家庭儿童状况、支持残疾人的康复和实现再就业，以及完善贫困人群的社会保障等方面都做出了积极的探索，并取得了良好的效果，积累了丰富的经验，对这些经验的总结是对人类反贫困的贡献。本系列研究通过大量的调查、经验材料和政策分析，阐述了中国特殊贫困群体的反贫困经验，在一定程度上丰富了这方面的研究。

研究表明，增加特殊贫困人群的人力资本，提供多层次的社会保障和社会服务，改善贫困人群的就业是实现特殊贫困人群摆脱贫困的重要途径。中国对特殊贫困人群提供了正规教育以及多种培训，使贫困人群掌握必要的技能，大大增加了贫困人群的人力资本。同时，建立多层次的社会保障和社会支持系统，以满足他们的不同需求。如对残疾人的康复、对儿童的教育，以及对妇女的健康和老年人生存与健康的社会保障和支持都在不断完善。而帮助特殊贫困人群劳动力实现就业是开发式扶贫的核心。通过特殊的支持，使那些有劳动能力的贫困人口实现就业，从而增加收入。这是中国特殊人群反贫困的重要经验。

二是为针对特殊贫困人群的精准扶贫战略实施提供政策建议。尽管在已有扶贫政策中强调了对特殊贫困群体要给予更多的支持，但是特殊贫困群体的现状如何，他们都有哪些政策需求，现有的研究并不能清晰回答以满足决策的需求。因此，本系列研究的着力点在于关注特殊贫困群体扶贫政策供给与需求之间还有哪些不足，应该如何改进。

研究表明，中国农村处于一个急剧变化的时期，各项社会政策和扶贫措施也要相应发生变化，特别是针对特殊贫困人群的多样性需求的政策。尽管社会保障和社会支持在很大程度上满足了特殊贫困人群的需求，但是总体上来说，保障和支持的水平还比较低，对于那些特别贫困，或缺少劳动能力且贫困较严重的家庭，社会保障和社会支持还不足以使他们摆脱贫困，而且医疗、康复和教育仍然对他们构成了很大的压力。同时，社会还缺少多层次

三 结论与思考 ………………………………………… 72

第五章 连片特困地区残疾人人力资本研究 …………… 77
一 前言 ………………………………………………… 77
二 连片特困地区残疾人人力资本基本状况 ……… 80
三 连片特困地区残疾人家庭贫困与人力资本的关系 …… 86
四 结论与进一步的讨论 …………………………… 93

第六章 连片特困地区残疾人家庭住房研究 …………… 100
一 前言 ………………………………………………… 100
二 残疾人家庭居住基本情况 ……………………… 102
三 残疾人家庭住房比较分析 ……………………… 104
四 连片特困地区残疾人住房政策改进 …………… 107

第七章 连片特困地区残疾人社会排斥问题研究 ……… 114
一 前言 ………………………………………………… 114
二 残疾人社会融入状况：基于问卷调查的分析 … 115
三 残疾人社会排斥：基于个案访谈的分析 ……… 119
四 结论及进一步分析 ……………………………… 125

第八章 连片特困地区残疾人反贫困现状与挑战 ……… 129
一 农村残疾人反贫困进展 ………………………… 129
二 连片特困地区反贫困任务艰巨 ………………… 137
三 连片特困地区残疾人扶贫面临的挑战 ………… 142

第九章 连片特困地区残疾人反贫困政策改进 ………… 151
一 正确认识连片特困地区残疾人反贫困形势 …… 151
二 连片特困地区残疾人反贫困措施 ……………… 157
三 完善残疾人反贫困组织体系 …………………… 164
四 针对不同地区实施有针对性的反贫困措施 …… 168

第一章
前　言

一　研究背景

（一）连片特困地区成为反贫困主战场

自 1986 年中国实施开发式扶贫至今，在国家各项扶贫政策的支持下，中国的开发扶贫取得了明显的成果，农村贫困人口大幅度减少，农村贫困问题得到缓解。数据显示，全国农村贫困线标准由 2000 年的 865 元增加为 2010 年的 1274 元，但农村贫困人口由 2000 年的 9422 万减少到 2010 年的 2688 万，平均每年减少 673 万人；贫困发生率由 2000 年的 10.2% 降为 2010 年的 2.8%[①]。

但是，受自然环境及历史社会等因素的影响，农村区域性、整体性贫困问题仍然突出。从地势划分来看，贫困人口呈现向山区集中的发展趋势。虽然 2000 年以来山区农户的贫困发生率下降比平原和丘陵地区快（山区的贫困发生率从 2000 年的 23.2% 降至 2010 年的 4.9%，共下降 18.3 个百分点；平原和丘陵地区的贫困发生率从 2000 年的 17.4% 降至 2010 年的 1.6%，共下降 15.8 个百分点），但是山区贫困人口所占比例仍然居高不下（2000 年，山

---

① 数据来源：国家统计局住户调查办公室《中国农村贫困监测报告 2011》，中国统计出版社，2012。

（三）同步小康对残疾人扶贫提出了更高要求

2012 年 11 月，中国共产党第十八次代表大会报告中首次明确提出，"2020 年实现国内生产总值和城乡居民人均收入比 2010 年翻一番"，并提出"确保到 2020 年实现全面建设小康社会的宏伟目标"。根据这一精神，中国残联发布了《关于加快推进残疾人同步小康进程的意见》，就整体推进残疾人同步小康进程提出具体要求。

实现残疾人同步小康的短板在农村。从残疾人口的城乡分布来看，城镇残疾人口共 2071 万人，占 24.96%，农村残疾人口 6225 万人，占 75.04%，即有 3/4 的残疾人居住在农村。从收入来看，2005 年全国有残疾人的家庭户人均全部收入，城镇为 4864 元，农村为 2260 元，城乡差距大；而正常家庭人均收入城镇为 11131 元，农村为 4631 元，城镇残疾人家庭收入为正常城镇家庭的 43.70%，农村残疾人家庭收入为农村正常家庭的 48.80%。

连片特困地区是农村贫困人口比较集中的地区，生活在这些区域的残疾人，其贫困程度要高于本地区的平均贫困深度，因而脱贫难上加难。研究连片特困地区残疾人贫困状况具有很强的现实意义。本书的研究对象为连片特困地区的农村残疾人，研究内容主要包括残疾人的人口学特征、残疾人的生活状态、残疾人的生产状况、残疾人的社会保障、残疾人及其家庭的社会交往、残疾人及其家庭面临的困难及期望等。

二　概念界定

（一）残疾人

在《残疾人权利宣言》中，"残疾人"指任何由于先天性或非先天性的身心缺陷而不能保证自己可以取得正常的个人生活和社会生活上一切或部分必需品的人。

1980 年世界卫生组织出版的《国际残损、残疾和残障分类》
(*International Classification of Impairment, Disability and Handicap,*
简称 ICIDH)，将残疾分为残损、残疾和残障三种。残损（impair-
ment）是指人的生理、心理或解剖结构的部位受到了损害的一种
状态；残疾（disability）是指因病损或疾病造成某些功能降低，影
响到了日常正常活动的一种状态；残障（handicap）是指因病损或
失能而导致个人参与正常社会生活活动的障碍，甚至影响社会功
能的正常发挥的一种状态。

在《中华人民共和国残疾人保障法》中关于残疾的定义是：
"在心理、生理、人体结构上，某种组织、功能丧失或者不正常，
全部或者部分丧失以正常方式从事某种活动能力。"在中国，残疾
分为七大类，包括视力残疾、听力残疾、言语残疾、肢体残疾、
智力残疾、精神残疾、多重残疾和其他残疾，共分四个等级。本
书采用此定义。

（二）残疾人扶贫

在国际上，反贫困的概念表示方式有三种：减少贫困、缓解
贫困和消除贫困。以上概念是从不同维度阐释了对反贫困的理解。
减少贫困从贫困人口数量的维度反映反贫困的行为过程，缓解贫
困从贫困程度的维度反映反贫困的行为过程，消除贫困则是从最
终结果的维度反映反贫困的目的性。扶贫则是通过外界的力量，
通过改变生产要素等条件，减少贫困人口、缓解贫困深度，最终
达到消除贫困目标的一种行为过程。

扶贫有广义和狭义之分，广义的扶贫是指所有缓解贫困的行
为，狭义的扶贫是指政府扶贫部门的反贫困措施。残疾人扶贫也
有广义与狭义之分。从广义上来说，残疾人扶贫指对贫困残疾人
实行一系列扶持措施，帮助残疾人脱离贫困，包括救济式缓贫、
开发式扶贫和社会帮扶。具体扶贫形式有：生活救助，如"低

保"、定期补助、重度残疾人补贴等；康复扶贫，如面向不同残疾类型的康复项目、辅助器具安装等；教育扶贫，如制定特殊教育政策等；就业扶贫，如按比例就业、集中安置就业、残疾人扶持等；产业扶贫，如建立残疾人扶贫基地等。从狭义上讲，残疾人扶贫是指残联组织实施残疾人专项扶贫。残疾群体扶贫的工作对象主要是具有劳动能力并能够通过参加生产劳动脱贫致富的残疾人群体，包括尚未解决温饱的处于绝对贫困状态的残疾群体和已经初步解决温饱但仍处于不稳定状态的低收入残疾群体。本书所指残疾人扶贫是广义上的残疾人扶贫。

（三）连片特困地区

连片特困地区是连片特殊困难地区的简称，是伴随着我国扶贫开发进程提出的一个名词。连片特困地区在区域上具有集中性和联系性，并且多为边境地区、革命老区、民族地区和山区。《中国农村扶贫开发纲要（2011—2020 年)》中确定了 14 个全国性的连片特困地区，分别是：六盘山区、秦巴山区、武陵山区、乌蒙山区、滇桂黔石漠化区、滇西边境山区、大兴安岭南麓山区、燕山－太行山区、吕梁山区、大别山区、罗霄山区等区域的连片特困地区和已明确实施特殊政策的西藏、四川省藏区、新疆南疆三地州。上述连片特困地区主要集中在中西部，共覆盖了 680 个县。在全国综合排名最低的 600 个县中，有 86.8%（521 个县）包含在这 14 个片区内。

三　文献综述

（一）国内相关文献综述

学术界对农村扶贫的研究文献非常丰富。从研究内容看，农村扶贫研究集中于三个方面：（1）从宏观上对农村扶贫历程进行回顾、总结与展望，总结扶贫开发历程中的经验特点，对未来的中国农村扶贫进行展望，提出对策①。（2）对中国农村扶贫中的某一方面进行研究并提出对策，如农村致贫因素②、扶贫瞄准③、扶贫资金使用效率分析④、人力资本和教育与农村扶贫的关系⑤、农村扶贫中政府行为分析⑥、农村扶贫的新趋势⑦、农村扶贫政策的效果分析⑧和反贫困政策反思⑨等。（3）对农村扶贫中集中连片特困地区扶贫的研究。如根据不同连片特困地区的贫困类型提出相应的扶贫对策⑩，重视片区贫困的独特性和差异性，制定具有地方

---

① 杨占国、于跃洋：《当代中国农村扶贫30年（1979—2009）述评》，《北京社会科学》2009年第5期；朱小玲、陈俊：《建国以来我国农村扶贫开发的历史回顾与现实启示》，《生产力研究》2012年第5期；韩嘉玲等：《社会发展视角下的中国农村扶贫政策改革30年》，《贵州社会科学》2009年第2期；李棉管：《社会结构视野下的中国农村扶贫》，《社会主义研究》2007年第6期；匡远配：《中国扶贫政策和机制的创新研究综述》，《农业经济问题》2005年第8期；段应碧：《中国农村扶贫开发：回顾与展望》，《农业经济问题》2009年第11期。

② 关冰：《四大因素诱发农村贫困》，《调研世界》2004年第5期。

③ 韩广富、李万荣：《当代中国农村扶贫开发瞄准目标的调整》，《社会科学战线》2012年第10期。

④ 刘萍、李红星：《农村扶贫资金的数据包络分析》，《中国行政管理》2008年第1期；张全红：《中国农村扶贫资金投入与贫困减少的经验分析》，《经济评论》2010年第2期；陈杰：《我国政府农村扶贫资金投向评价与建议》，《宏观经济管理》2007年第5期。

⑤ 吴睿、王德祥：《教育与农村扶贫效率关系的实证研究》，《中国人力资源开发》2010年第4期；陈琦：《连片特困地区农村家庭人力资本与收入贫困——基于武陵山片区的实证考察》，《江西社会科学》2012年第7期；史振磊：《人力资本投资与西部农村扶贫》，《新视野》2008年第3期。

⑥ 唐睿、肖唐镖：《农村扶贫中的政府行为分析》，《中国行政管理》2009年第3期。

⑦ 陈冲、石志恒、王征兵：《新时期我国农村人口贫困化问题研究》，《生产力研究》2007年第5期；刘溢海：《新时期农村扶贫问题的调查与思考》，《中州学刊》2007年第2期；严江：《贫困的相关重要范畴与推进我国农村扶贫开发》，《软科学》2006年第1期。

⑧ 方黎明、张秀兰：《中国农村扶贫的政策效应分析——基于能力贫困理论的考察》，《财经研究》2007年第12期。

⑨ 徐月宾、刘凤芹、张秀兰：《中国农村反贫困政策的反思——从社会救助向社会保护转变》，《中国社会科学》2007年第3期。

⑩ 张立群：《连片特困地区贫困的类型及对策》，《红旗文稿》2012年第22期。

适应性和有效性的扶贫攻坚战略①，重视连片特困地区扶贫开发的跨域治理②；另有一些学者进行了实证研究，比如对贵州省内三个连片特困地区进行的比较研究③，对贵州乌蒙山区④、西藏改则县⑤、滇桂黔石漠化连片特困区的河池片区⑥、武陵片区⑦的贫困现状的研究。

残疾人反贫困研究主要集中于以下三个方面：（1）探讨残疾人扶贫开发进程中的经验，对残疾人扶贫政策进行评价。有学者将农村残疾人扶贫开发划分为三个时期，每个时期都有不同的扶贫措施，基本经验是政府主导，残疾人组织发挥特殊作用，社会各界力量共同参与，坚持扶贫到户到人，坚持直接救济与开发扶贫相结合⑧。一些学者回顾了农村残疾人扶贫历程，指出在扶贫过程中存在重扶贫、轻社保，重工程建设、轻人力资本开发等问题⑨。（2）关于

---

① 邢成举、葛志军：《集中连片扶贫开发：宏观状况、理论基础与现实选择——基于中国农村贫困监测及相关成果的分析与思考》，《贵州社会科学》2013 年第 5 期。

② 刘筱红、张琳：《连片特困地区扶贫中的跨域治理路径研究》，《中州学刊》2013 年第 4 期。

③ 陈厚义：《贵州连片特困地区区域经济社会发展的对比研究》，《贵州社会科学》2012 年第 10 期。

④ 周丕东等：《贵州乌蒙山区农村扶贫开发对策研究》，《贵州民族研究》2012 年第 2 期。

⑤ 周猛：《集中连片特困地区的致贫因素和减贫对策探析——以西藏自治区改则县为例》，《开发研究》2012 年第 6 期。

⑥ 廖锦成等：《新阶段滇桂黔石漠化连片特困区扶贫开发问题与对策研究——以河池片区为例》，《市场论坛》2012 年第 8 期。

⑦ 张大维：《生计资本视角下连片特困地区的现状与治理——以集中连片特困地区武陵山区为对象》，《华中师范大学学报》（人文社会科学版）2011 年第 4 期；陈琦：《连片特困地区农村贫困的多维测量及政策意涵——以武陵山片区为例》，《四川师范大学学报》（社会科学版）2012 年第 3 期。

⑧ 王金艳、王丽君：《我国残疾人扶贫开发的进程及经验探讨》，《社会科学战线》2006 年第 5 期。

⑨ 乔尚奎、刘诚：《农村残疾人社会保障与扶贫开发政策研究》，《残疾人研究》2012 年第 1 期。

残疾人贫困现状的研究①。学者的研究表明，农村残疾人普遍面临着生存难、摆脱贫困难、就业难等问题②；另一些学者的研究表明，残疾人及其家庭之所以更容易陷入收入贫困，主要原因在于残疾人残疾程度高、受教育程度低、劳动力短缺，并遭受社会排斥③；研究表明，制度缺失造成残疾人经济参与机会缺失，即使参与，质量也比较低下，从而造成贫困④。（3）残疾人脱贫对策研究。有学者提出，农村残疾人扶贫要在家庭之外挖掘其他社会支持资源，尤其是充分发挥政府在保障和扶助残疾人方面的主导作用⑤；另一些学者认为，残疾人扶贫，首先要建立兜底的社会保护政策，并完善积极的贫困预防制度，建立远离"贫困文化"的社会回归体制⑥，完善农村社会保障体制⑦。

（二）国外文献综述

发达国家残疾人及其家庭的贫困问题并不突出，针对残疾人的专门扶贫政策较少。这些国家更多强调公共服务的公平性，并

---

① 晋联：《山西省残疾人生活状况暨残疾人扶贫工作的调查报告》，《中国残疾人》2001 年第 9 期；邹永宏：《解决残疾人贫困问题迫在眉睫》，《中国民政》2004 年第 10 期。
② 闫芳：《农村残疾人事业：现状、问题与对策——基于河南的调查》，《中州学刊》2008 年第 5 期。
③ 万海远等：《贫困残疾人的识别及扶贫政策评价》，《中国人口科学》2011 年第 4 期。
④ 周彩姣：《制度困境与残疾人的经济参与：一项实证研究》，《甘肃社会科学》2011 年第 4 期。
⑤ 许琳等：《关于农村残疾人的社会保障与社会支持现状研究》，《南京社会科学》2006 年第 5 期。
⑥ 杨立雄、吴伟：《中国残疾人扶贫政策的演变与评价》，《湖南师范大学社会科学学报》2009 年第 1 期；张一：《文化适应视角下的农村残疾人扶贫政策体系创新研究》，《残疾人研究》2012 年第 1 期。
⑦ 乔尚奎、刘诚：《农村残疾人社会保障与扶贫开发政策研究》，《残疾人研究》2012 年第 1 期；宋宝安、张一：《从有限特惠向专门保障的转向》，《人口学刊》2012 年第 3 期；童星：《残疾人社会政策的基点》，《甘肃社会科学》2013 年第 1 期。

　　第一步，采用专家判断法，考虑到代表性和调查的便利性，由"连片特困地区残疾人扶贫研究"课题组、国务院扶贫办、中国残疾人联合会、香港乐施会等单位商讨选定五个连片特困地区。最终商定的调查地区是：滇黔桂石漠化区、武陵山区、大别山区、吕梁山区和秦巴山区。

　　第二步，在每个选定的连片特困地区，以县为单位，采用随机抽样方法，抽取一个调查点。随机抽样的结果是：滇黔桂石漠化区的贵州省台江县、武陵山区的湖南省洞口县、大别山区的河南省新蔡县、吕梁山区的陕西省米脂县、秦巴山区的四川省平昌县。

　　第三步，在每个选定的调查县，采用随机抽样方法选取10个乡镇作为调查点。凡乡镇数达不到10个的县，则每个乡镇均为调查点。这些乡镇分别是：贵州省台江县的革一乡、台盘乡、施洞乡、老屯乡、排羊乡、南宫乡、方召乡、台拱镇；湖南省洞口县的高沙镇、岩山乡、竹市乡、黄桥镇、山门镇、江口镇、水东乡、石江镇、洞口镇、毓兰镇；河南省新蔡县的今是街道、砖店镇、栎城乡、关津乡、龙口镇、古吕镇、黄楼乡、陈店乡、孙召乡、涧头乡；陕西省米脂县的郭兴庄镇、龙镇、十里铺镇、桥河岔镇、桃镇、杨家沟镇、沙家店镇、银州镇、石沟镇、印斗镇；四川省平昌县的坦溪镇、石垭乡、五木镇、得胜镇、驷马镇、兰草镇、灵山镇、元山镇、涵水镇、龙岗镇。

　　第四步，在进行调查的乡镇，采用专家判断法，由课题组、县残联及乡镇相关负责人共同商讨选取调查村，每个乡镇共选取三个村进行调查。

　　第五步，进入村后，采用随机抽样方法在全村抽取残疾家庭，由调查员入户调查。

　　问卷数量分配如下：每个连片特困地区发放500份调查问卷，每个调查县发放500份，每个调查乡镇发放50份，每个调查村发放15—20份。调查员由课题组成员及乡镇残联专干组成，在调查之前，调查点的残联专干赴县残联接受为期一天的培训。

问卷调查自 2013 年 8 月份开始，至 2013 年 10 月结束。共发放问卷 2400 份，回收有效问卷 2215 份，其中台江县 352 份，占总问卷数的 15.9%；洞口县 489 份，占总问卷数的 22.1%；新蔡县 501 份，占总问卷数的 22.6%；米脂县 393 份，占总问卷数的 17.7%；平昌县 480 份，占总问卷数的 21.7%。样本中男性残疾人占 63%，女性占 37%。在年龄分布上也涵盖了各年龄段的残疾人。具体分布如下：16 岁以下占 2.7%，16—59 岁占 59.3%，60 岁及以上占 37.9%。样本的民族分布如下：汉族，84.0%；少数民族，16.0%。少数民族样本主要来自台江县（台江县的样本中，少数民族残疾人占台江县样本的 99.1%），其占所有少数民族残疾人样本的比例达到 98.5%。

（二）调查内容

面向残疾人及家庭的问卷设计，主要是为了了解连片特困地区残疾人的基本信息、生活状况、享受扶贫政策现状和政策期望。问卷共包括四大部分：（1）残疾人基本情况，指标包括性别、年龄、民族、受教育年限、婚姻状况；残疾类别、等级、致残原因、自理能力等。（2）残疾人家庭基本情况，包括住房、生活燃料、用水、家庭成员数及具有劳动能力成员数、土地承包及家禽饲养情况、车辆拥有情况、残疾人及其家庭的主要收入来源和支出、电费支出等。（3）残疾人社会保障和扶贫情况，包括参加"低保"、新农保情况，小额信贷、农村实用技术培训、残疾人扶贫基地、农机购买补贴、残疾人辅助器具、康复培训、居住环境改造情况等。（4）主观评价和期望，了解残疾人对自身及家庭现在的主观评价及对未来扶贫政策的期望。

问卷回收后，利用 Epidata 软件录入问卷数据，录入完成后采用 SPSS20.0 对数据进行统计分析。

（三）个案访谈

在进行问卷调查的过程中，课题组还对 75 位被调查者进行了无结构式访谈，访谈的内容不限于调查问卷，还包括其社会交往、主观感受、人生阅历、角色适应等内容。访谈人数分布如下：贵州省台江县 11 个，湖南省洞口县 11 个，河南省新蔡县 20 个，陕西省米脂县 15 个，四川省平昌县 18 个。

五　五个样本县简介

（一）贵州省台江县

贵州省台江县是国家级贫困县，位于贵州省东南部、黔东南苗族侗族自治州中部。总面积为 1115 平方公里，辖 6 乡 2 镇，耕地面积 93195 亩。全县有 15.9 万人口，有苗、侗、土家、布依等 15 个少数民族，其中苗族同胞最多，占全县总人口的 97%，有"天下苗族第一县"之称。2011 年台江县 GDP 为 11.6865 亿元，人均 GDP 7350 元。2012 年全县贫困人口 6.32 万人，农民人均纯收入 4234 元。

台江县属国家级扶贫开发重点县，是贵州省 50 个重点扶贫开发县之一。县辖的 8 个乡镇 156 个行政村中，贫困村就有 101 个，其中一类村 35 个，二类村 59 个，三类村 7 个。2012 年年末，全县贫困人口 6.32 万人，贫困发生率达 39.7%；2012 年，台江县农民人均纯收入 4234 元，与贵州省农民人均纯收入 4753 元相比少519 元，位居全省末位；与全州农民人均纯收入 4625 元相比，少391 元，位居全州末位；县级地方政府预算内收入仅 14234 万元，而地方财政一般预算支出就达 90172 万元。

台江县残疾人共 9387 人，占总人口的 5.9%，其中一、二级残疾人 3508 人，占 37.37%，三、四级残疾人 5879 人，占62.63%，男 6545 人，女 2842 人。从残疾类别来看，视力残疾占残疾人总数的 13.07%，听力残疾占 5.59%，言语残疾占 5.24%，智力残疾占 2.54%，肢体残疾占 59.76%，精神残疾占 2.32%，多重残疾占 11.31%。台江县农村残疾人 8357 名，占残疾人总数的 89.02%，城镇残疾人 1030 名，占残疾人总数的 10.98%。18—55 周岁的残疾人 4573 人，占总数的 48.72%，其中，有就业能力的残疾人 4031 人，占总数的 42.94%，已就业残疾人 204 人，占总数的 2.17%，其余大部分在农村从事简单的农业生产劳动。2012 年年末，全县已经纳入低保的残疾人 5336 人，其中，城镇 83 人，农村 5253 人。

（二）湖南省洞口县

湖南省洞口县位于湖南省西南部，雪峰山东麓，资水上游。全县区域面积 2200 平方公里，辖 22 个乡镇、1 个管理区，566 个行政村、25 个社区。2012 年，湖南省洞口全县生产总值为 102.86 亿元，按常住人口计算，人均生产总值为 13240 元。全县完成财政总收入 53213 万元，全县财政总支出 220952 万元。2012 年年末，全县总人口为 85.8 万人，常住人口约为 78.1 万人，其中城镇人口 25.8 万人，乡村人口 52.3 万人。全县农村外出务工人员 16.7 万人，占全县农村人口总数的 31.9%。

2013 年，湖南省洞口县城镇居民人均可支配收入 15375 元，农村居民人均纯收入 3793 元。结合邵阳市其他各县（不包括市区）可获得的数据来看，湖南洞口城镇居民全年人均可支配收入处于邵阳市第二位，而全市农民全年人均纯收入居于第四位（剔除缺失数据的县域），湖南洞口城乡全年收入之差高居全市第一。

（三）河南省新蔡县

河南省新蔡县位于河南省东南部，豫皖两省三市五县接合部，总面积 1453 平方公里，耕地 148 万亩，辖 20 个乡镇、2 个街道，355 个村（居）委会，总人口 110 万。河南新蔡是一个农业大县，其中乡村人口就达 94.92 万人，获得过全国粮食生产先进县、国家优质棉生产基地县、河南省农业综合开发先进县、河南省农资综合补贴先进县、河南省现代农业项目先进县等称号。在特色种植上，积极发展优质小麦、优质棉花、优质红薯、优质水稻等，培育出棠村"三粉"、"顿岗牌"大米、"水上漂"酱菜、南程庄精杂粮等一批绿色品牌，有 7 个农产品荣获国家级大奖。全县每年出栏鹅鸭 1600 万只以上，已成为河南乃至全国重要的鹅鸭养殖加工集散地。

2012 年，河南省新蔡全县实现生产总值（GDP）1305092 万元，人均生产总值 15634 元[1]，不到全省人均生产总值的一半[2]。在河南省 31 个国家级贫困县中排在第 26 位。2012 年，全县人均收入 15344 元，为全省平均的 75%；城镇居民人均可支配收入 15344 元，城镇居民人均消费性支出 11304 元；农村居民人均纯收入 6287 元，人均生活消费支出 4422.58 元。城乡居民恩格尔系数分别为 28.9% 和 34.52%。城镇单位年末从业人员 27162 人，从业人员平均工资 27625 元，在岗职工平均工资 27634 元[3]。

（四）陕西省米脂县

陕西省米脂县地处黄土高原腹部，位于陕西省北部、榆林市东部，属于连片特困地区中的吕梁山区。陕西省米脂县属典型的黄土高原丘陵沟壑区，以无定河为分水岭，地势总体东西高中间低，地貌主要以峁、梁、沟、川为主，构成沟壑纵横、梁峁起伏、支离破碎的地貌景观。县域西部与榆林的风沙区接壤，沟道浅而宽，梁峁起伏较大，土壤风蚀沙化明显，植被稀少，水土流失严重；县域东南部，丘陵起伏，坡陡沟深，侵蚀严重。

米脂县所在的榆林市县域经济发达，府谷县名列陕西省第一位，神木县域经济综合竞争力居全国百强县第 21 位，横山县、定边县先后荣获"中国能源百强县""中国最具投资潜力中小城市百强县""全省争先进位第一名""中国农业发展百强县""中国新

---

① 数据来源：《新蔡县 2012 年国民经济和社会发展统计公报》。
② 根据《河南省 2012 年国民经济和社会发展统计公报》整理得出。
③ 同上。

能源产业百强县""中国最具投资潜力特色示范县 200 强""全国绿色能源示范县"等各种荣誉称号。近年来，陕西省米脂县经济得到快速发展，但与榆林市其他县相比，陕西米脂国民生产总值和农村人均收入在榆林市各区县中排末尾。2012 年，陕西米脂生产总值（GDP）40.12 亿元。其中，第一产业增加值 5.284 亿元，占生产总值的 13.2%；第二产业增加值 12.97 亿元，占生产总值的 32.3%；第三产业增加值 21.866 亿元，占生产总值的 54.5%。按常住人口计算，人均地区生产总值 25867 元。同年，榆林市人均 GDP 为 79587 元，陕西省人均 GDP 为 38564。

据统计，截至 2011 年，米脂全县启动建设扶贫重点村 171 个，搬迁贫困人口 2174 人，完成"雨露计划"培训转移 3000 多人，组建村级扶贫互助资金协会 16 个，贫困农民人均纯收入由 2005 年的 1487 元增加到 2010 年的 5209 元，有 4.2 万贫困人口实现了脱贫。但是全县收入在 3000 元以下的贫困村还有 396 个。在全县 21.98 万人口中，按照国家最新 2300 元的贫困标准测算，陕西省米脂县的贫困人口还有 5.3 万人，占全县人口的 24%[1]。

陕西省米脂县共有各类残疾人家庭 3500 户 1.17 万人，占总人口的 5%。从城乡分布来看，城镇残疾人 2660 人，农村残疾人 9112 人。其中一、二级各类型重度残疾人 1544 人，完全丧失劳动能力、日常生活不能自理的残疾人 1440 人；孤寡残疾人 215 人；"一户多残"和"老残一体"无经济收入的残疾人 226 人；家庭特别困难的残疾人 4000 人，占全县残疾人总数的 34%[2]。

（五）四川省平昌县

平昌县地处四川省东北部、米仓山南麓。境内山脉呈西北至东南走向，略呈向西南方向凸出的弧形，最高海拔 1338.8 米，大

---

[1] 《米脂县发展改革局米脂县区域发展与扶贫攻坚规划（2011—2020 年）》，http://www.mzfg.gov.cn/Wygkcn_ReadNews.asp? newsid=2895。

[2] 数据来源：陕西省米脂县残疾人联合会内部资料。

多数山高 700—1000 米，农耕地一般在海拔 700 米左右。平昌县四季分明，气候温和，年降水夏多、冬少，常出现冬春偏旱、夏秋偏涝的现象。

全县 2227 平方公里，辖 43 个乡镇（17 个镇、26 个乡），546 个村（居）委会（村 481 个、居 65 个），总人口 107.1 万人，总户数 32.5981 万户，其中农业人口 84.5 万人，耕地面积 62.68 万亩，森林覆盖率 51.2%。2012 年，平昌县农民人均纯收入仅为 4640 元，按照新标准仍有 24.01 万贫困人口。近年来，平昌县的扶贫工作取得了较快的发展，平昌县扶贫和移民工作局按照"全域、全程、全面小康"的要求，积极主动争取扶贫项目资金，高规格编制扶贫项目规划，深入推进整村整镇连片扶贫开发，贫困发生率从"十二五"初的 27.7% 下降到 17.8%。扶贫理念实现了从"就扶贫抓扶贫"向"统筹城乡"转变，扶贫方式从"授之以鱼"向"授之以渔"转变，扶贫对象由"单元扶贫"向"连片扶贫"转变，扶贫手段从"分项投入"向"整合实施"转变，扶贫移民工作取得了有目共睹的成绩。

截至 2013 年年底，全县帮扶农村贫困人口 16357 人，占全县年度目标任务的 100.47%；完成劳务扶贫培训 1405 人，占县年度目标任务的 98.25%；整村推进新村扶贫项目在白衣-江口镇-云台-青凤片区的 15 个村全面推进，已全面完成项目村村级规划，15 个整村推进新村已开工建设，占县年度计划工作目标任务的 100%；连片扶贫开发区内实施贫困户解困工程在驷马-得胜-元山、白衣-江口镇-云台-青凤连片扶贫开发区内实施，项目将长期大病、精神病、重度残疾者纳入农村低保，共帮助 1124 户贫困户脱贫解困，占目标任务的 102.18%。

第二章
连片特困地区残疾人生存
状况分析

连片特困地区是一类具有诸多共性的特殊类型区域，生存环境较为恶劣，自然资源相对贫乏，地方经济发展落后。尤其是在农村地区，交通不便，基础设施差，公共服务缺乏，农村居民经济收入普遍偏低。而生活在连片特困地区的农村残疾人，人力资本开发不足，贫困程度更加严重，生存境况更加恶劣。与此同时，各连片特困地区又呈现明显差异，连片特困地区的农村残疾人，其贫困更具有复杂性和多样性。

一 残疾人家庭经济状况

（一）收入来源

残疾人家庭收入来源前三位是：种植与养殖收入、外出打工收入和政府救济，分别占比 52.6%、20.3% 和 18.1%。从残疾人主要经济来源看，靠家人供养、本人劳动收入和靠政府救济占据前三位，比例分别为 63.6%、21.1% 和 12%。对残疾人残疾等级与残疾人主要经济来源进行交叉列联分析，可以看出，残疾人最主要的收入来源是家人的供养，残疾人的残疾等级与残疾人主要收入来源之间呈现显著的相关关系，残疾人的残疾等级越高，就越倾向于家人供养，残疾等级越低，则越倾向于依靠本人劳动收入（见表2-1）。

表2-1　不同残疾等级残疾人的收入来源比较

单位：%

	本人劳动收入	家人供养	亲朋好友接济	政府救助	其他	合计
一级	16.69 (10.36)	21.15 (68.93)	21.15 (3.25)	0.00 (17.46)	15.81 (0.00)	100.00
二级	37.03 (13.85)	30.77 (72.31)	27.24 (2.24)	43.75 (10.63)	33.44 (0.98)	100.00
三级	28.01 (22.58)	32.69 (59.24)	34.77 (2.58)	37.50 (14.70)	30.87 (0.91)	100.00
四级	13.32 (28.01)	11.54 (60.59)	10.04 (1.95)	6.25 (9.12)	14.36 (0.33)	100.00
未分级	4.94 (22.03)	3.85 (58.47)	6.81 (1.69)	12.50 (16.10)	5.52 (1.69)	100.00
合计	100.00	100.00	100.00	100.00	100.00	

注：角栏中的第一行数据表示本残疾人等级不同收入来源的比例；角栏中的第二行数据表示此收入来源中不同等级残疾人所占比例。

（二）家庭支出①

从残疾人家庭主要支出结构来看，主要支出的前三位是：医疗费用、食品支出和生产经营性支出，分别占比32.6%、30.6%和27.8%。残疾人主要支出结构与残疾人家庭主要支出结构相同，集中在医疗/康复、食品和生产经营这三项上，分别占比43.1%、30.5%和17.0%。四个县（未包括台江县）的残疾人家庭支出有所区别，新蔡以生产经营支出最多，米脂以食品支出最多，平昌

① 因问卷有所区别，故在比较时有些数据未将台江县纳入其中。

以医疗费用支出最多（见图 2-1、表 2-2）。

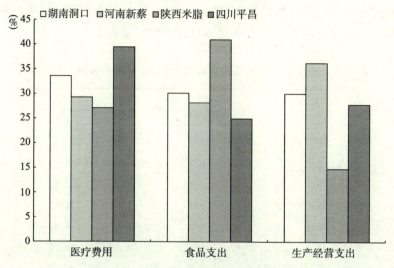

图 2-1　分地区残疾人家庭主要支出比较

表 2-2　残疾人家庭主要支出比较

地区		洞口	新蔡	米脂	平昌
医疗费用	频数（个）	160	142	105	188
	百分比（%）	33.7	29.3	27.1	39.4
食品支出	频数（个）	144	137	158	119
	百分比（%）	30.3	28.2	40.8	24.9
生产经营支出	频数（个）	142	176	57	133
	百分比（%）	29.9	36.3	14.7	27.9

注：因问卷有所区别而未将台江县数据纳入此表。

（三）家庭用电

用电量是综合反映家庭生活水平的重要指标。五个县残疾人家庭月平均用电量从低到高依次是：新蔡县，28.40 度；平昌县，31.18 度；台江县，36.37 度；洞口县，40.15 度；米脂县，42.31 度。五个县的月平均家庭用电量为 36.2 度。各地的电价有所区别，其中台江为 0.4556 元/度，洞口为 0.588 元/度，新蔡为 0.56 元/度，米脂为 0.4983 元/度，平昌为 0.5224 元/度。根据电价计算出的五个县电费支出的分布状况见表 2 - 3。

表 2 - 3　残疾人家庭月人均电费支出分布状况

月人均电费支出（元）	所占比重（%）	累计比重（%）
[0, 5]	16.2	16.2
(5, 10]	25.0	41.2
(10, 15]	16.5	57.7
(15, 20]	13.9	71.6
(20, 25]	7.0	78.6
(25, 30]	7.7	86.3
(30, 35]	2.8	89.1
(35, 40]	3.2	92.3
40 以上	7.7	100.0
合计	100.0	100.0

五个地区月均用电 37.28（标准差 35.53）度。因月均家庭用电量这一变量没有显著偏差，本章将人口相关变量和残疾相关变量引入线性多元回归方程中，进行逐步回归分析。其中民族、性别为二分虚拟变量，自理能力、残疾成因、残疾类别等转化为二分变量后引入，年龄、家中残疾人数量、残疾持续年限为连续变量。结果表明：（1）在人口解释变量上，年龄、性别的作用显著，而民族作用不显著。其中，年龄提升 1 岁，月人均用电量下降 0.237 度；男性要比女性用电高出 3.764 度。（2）自理能力、残疾成因、残疾类型等部分残疾相关变量对用电量有显著影响，而残疾等级对用电量没有显著影响。在自理能力上，完全自理残疾人的月人均用电量较不能自理残疾人多出 9.657 度；在残疾成因上，先天残疾较其他类型残疾在月人均用电量上要少 5.738 度；精神残疾、视力残疾较多重残疾在月人均用电量上要分别少 8.291 度、

5.478 度。此外，家中残疾人数量越多，月人均用电量越高。用家中残疾人数量与月人均用电量进行均值比较，可以发现，家中残疾人分别为 1、2、3、4 个的家庭，月人均用电量分别为 36.28 度、43 度、48.75 度和 26.82 度。

（四）家庭车辆拥有情况

从残疾人家庭对卡车、拖拉机、小汽车、摩托车、自行车这五类车辆拥有总量来看，67.2% 的家庭车辆拥有数量为 0，29.1% 的家庭拥有 1 辆车，拥有两辆及以上的仅占 3.7%。从分类型车辆拥有情况来看，各种类型车辆拥有数量为 0 的残疾人家庭最多，摩托车、电动车的拥有情况好于其他车辆类型。具体来看，卡车拥有率为 0.4%，拖拉机、三轮车拥有率为 5.4%，小汽车、面包车拥有率为 1.1%，摩托车、电动车拥有率为 21.0%，自行车拥有率为 13.6%（分地区残疾人家庭车辆拥有情况详见表 2－4）。

表 2－4　残疾人家庭车辆拥有情况地区比较

单位：%

	台江	洞口	新蔡	米脂	平昌
卡车	0.6	0.6	0.4	0.0	0.0
拖拉机、三轮车	3.7	2.0	11.2	5.3	0.2
小汽车、面包车	1.1	0.6	0.0	2.3	0.8
摩托车、电动车	13.1	16.5	36.1	20.1	4.4
自行车	2.6	6.1	37.7	8.4	0.6

二　残疾人社会保障状况

（一）最低生活保障

最低生活保障（简称"低保"）是针对农村低收入家庭设计的

一种主要保障制度。本次调查显示，多数残疾人家庭或成员已纳入低保保障范围。米脂"低保"政策对残疾人家庭的覆盖率最高，覆盖了87.7%的被调查残疾人家庭；洞口覆盖率最低，为55.5%。台江、平昌和新蔡分别为70.0%、66.6%和62.1%。从残疾人家庭"低保"享受人数来看，家庭中有1人享受"低保"的最多，有857户，占43.2%；家庭中没有人享受"低保"的占32.4%；15.1%的家庭有2人享受"低保"；4.5%的家庭有3人享受"低保"；另有4.9%的家庭"低保"享受人数在4—6人。从残疾人家庭月人均"低保"金额来看，其主要集中在30—120元，共占比89.5%，月人均"低保"金额低于30元的有2.5%，120—150元的有4.2%，高于150元的有3.8%，如表2-5所示。

表2-5　样本县被调查残疾人家庭月人均"低保"金额

月人均"低保"金额（元）	所占比重（%）	累计频率（%）
(0, 30]	2.5	2.5
(30, 60]	20.2	22.7
(60, 90]	42.9	65.6
(90, 120]	25.6	91.2
(120, 150]	4.2	95.4
(150, 180]	1.0	96.4
(180, 210]	1.9	98.3
(210, 240]	0.5	98.8
(240, 270]	0.1	98.9
(270, 300]	0.2	99.1
300元以上	0.9	100.0
合计	100.0	

在月人均"低保"金额上，台江县集中在30—120元，新蔡县和洞口县集中在60—120元，米脂县集中在60—90元，平昌县集中在30—90元（见表2-6）。

表 2 - 6 五个县残疾人月人均 "低保" 金额地区比较

单位: %

低保标准区间（元）	台江	洞口	新蔡	米脂	平昌
（0—30）	8.9	1.4	0.4	0.0	4.0
（30—60）	25.7	9.5	5.9	1.6	60.4
（60—90）	34.0	39.5	29.0	75.0	29.5
90—120	15.2	37.7	62.7	14.6	2.2
120—150	8.9	3.6	0.8	6.6	1.8
150—180	3.7	0.5	0.4	0.0	1.5
180—210	2.1	7.7	0.8	0.3	0.0

对样本县残疾人残疾等级和残疾人家庭月人均低保金额进行相关性分析，可以发现两者之间相关性不显著，即样本县最低生活保障制度在实施过程中，并没有向重度残疾人倾斜。

（二）新型农村养老保险

从参保情况看，76.9% 的残疾人参加了新型农村养老保险（以下简称新农保），23.1% 的残疾人没有参加。四个县的参保情况如下：米脂县和新蔡县参保率比较高，分别为 91.1% 和 88.6%；洞口县为 75.2%；平昌县参保率最低，为 54.0% [①]。多数农村残疾人选择的个人缴费档次比较低，缴费 "少于 100 元" 的占 40.2%，缴费为 "100 元" 的占 56.4%，这两项共占 96.6%。另有 1.9% 的残疾人缴费为 200 元，1.5% 的残疾人缴费在 300 元及以上（见表 2 - 7）。分地区来看，米脂县缴费少于 100 元的居多，洞口县和新蔡县缴费为 100 元的居多（见表 2 - 8）。

---

① 因问卷有所区别，故在比较时有些数据未将台江县纳入其中。

表2-7　样本县被调查残疾人参加新农保缴费情况

	所占比重（%）	累计比重（%）
少于100元	40.2	40.2
100元	56.4	96.6
200元	1.9	98.5
300元	0.4	99.0
400元	0.3	99.3
500元	0.1	99.4
500元以上	0.6	100

表2-8　新农保缴费档次地区比较

单位：%

缴费区间	洞口	新蔡	米脂	平昌
少于100元	21.2	16.4	81.9	50.6
100元	76.6	79.1	17.5	42.1
200元	1.1	3.1	0.3	3.4

　　对样本县残疾人残疾等级和新农保参保的保费等级做相关性分析，可以发现两者之间显著负相关，即残疾人残疾等级越高，其参保缴费的等级就越低，这表明，样本县残疾人参加新农保有较大压力，自身健康状况较差以及家庭经济困难等原因都会对残疾人参加新农保产生负面影响。

三　残疾人及其家庭生产状况

（一）残疾人家庭劳动力状况

　　台江县、洞口县、新蔡县、平昌县和米脂县的残疾人家庭平均劳动力人数分别为1.97人、1.54人、1.52人、1.61人和

1. 17 人①。有 14.9% 的残疾人家庭劳动力数量为 0。大多数残疾人家庭劳动力人数为 1 人和 2 人，分别占比 36.5% 和 33.0%。家中劳动力人数为 3 人的占 10.4%，4 人的占 4.0%，5 个及以上的占 1.1%。残疾人家庭平均劳动力人数为 1.56 人。被调查的残疾人中没有劳动能力的占 65.5%，有劳动能力的占 34.5%。有劳动能力的残疾人所从事的劳动主要是种植（60.4%）、养殖（19.0%）、在企业打工（6.8%）和自主创业（6.5%），如表 2 - 9 所示。从残疾人家庭劳动力的去向来看，除米脂县和平昌县外出务工者多于在家务工者以外，其他三个地区均是在家务工的多②。

表 2 - 9　有劳动能力的残疾人所从事的职业类型分布

	频数	频率（%）
种植业	527	60.4
养殖业	166	19.0
在企业打工	59	6.8
自主创业（如开店）	57	6.5
建筑业	18	2.1
针灸、按摩、理疗等	3	0.3
开摩的	10	1.1
其他	32	3.7
总计	872	100

（二）残疾人家庭土地承包和家畜（禽）饲养状况

在耕地面积方面，有 4.8% 的家庭没有耕地。91.7% 的家庭有

---

① 2011 年台江县家庭人口规模为 3.69，洞口县为 3.24，新蔡县为 3.84，米脂县为 2.82，平昌县为 3.18；而新蔡县有劳动能力的残疾人比重低，所以台江县平均劳动人口多于新蔡县。

② 平均在家务工人数具体数据如下：台江县，1.11 个；洞口县，0.79 个；新蔡县，0.66 个；米脂县，0.37 个；平昌县，0.68 个。平均外出务工人数具体数据如下：台江县，0.73 个；洞口县，0.70 个；新蔡县，0.63 个；米脂县，0.79 个；平昌县，0.81 个。

耕地但面积在 10 亩及以下，其中 2 亩及以下的占 37.3%，2—5 亩的占 42.1%，5—10 亩的占 12.2%。另有 3.5% 的家庭耕地面积在 10 亩以上。家庭没有林地面积的占 42.3%，林地面积多于 10 亩的占 3.1%。有林地但面积在 10 亩及以下的占 54.7%，其中 2 亩及以下的占 30.6%，2—5 亩的占 16.3%，5—10 亩的占 7.8%。由于受地理区域的影响，96.0% 的家庭没有水塘（面）面积。对残疾人家庭人均土地承包情况进行分组可知，40.0% 以上的残疾人家庭人均耕地面积在 1 亩及以下。在被调查残疾人家庭中，人均林地面积为 0 亩的占比 42.1%，有林地但人均林地面积为 3 亩及以下的占 50.5%，5 亩以上的占 3.6%。在家畜（禽）饲养方面，总体而言饲养率比较低。相比之下，鸡鸭鹅饲养率最高，饲养率为 44.5%；羊的饲养率最低，为 3.2%；猪和牛的饲养率分别为 33.6% 和 15.3%。

　　从土地承包情况来看，米脂县和新蔡县耕地面积大，水面面积很小。台江县耕地拥有率最高，但是户均耕地面积最少；林地拥有率和户均面积是这五个地区最多的，这与台江的地形有关，台江县山高坡陡，可耕种面积少（具体情况见表 2 – 10）。研究表明，耕地面积和林地面积与当地的土地情况一致。新蔡县处于大别山区的边缘地带，地势较为平坦；米脂县处于黄土高原地带，人口较少，因而两地的人均耕地面积多。台江县森林覆盖率高，是当地重要的林业县，人均林地面积多。在鸡（鸭）、牛、猪、羊等家畜（禽）饲养方面，均值比较表明五县之间有显著差异。其中，平昌县残疾人家庭饲养的鸡（鸭）和猪比例都高居第一，而洞口县残疾人家庭在这两项上则分别居第二、第三；米脂县残疾人家庭饲养的羊最多；台江县残疾人家庭饲养的猪较多，其他都较少（具体情况见表 2 – 11 和表 2 – 12）。导致这种情况的原因主要是五个县处于不同的连片特困地区，生产生活环境有较大差别，家畜、家禽等饲养习惯各不相同。

表 2-10　残疾人家庭土地承包情况地区比较

	台江	洞口	新蔡	米脂	平昌
耕地拥有率（%）	99.7	92.2	97.3	94.2	93.3
平均面积（亩）	2.24	2.43	4.21	5.97	2.41
林地拥有率（%）	97.1	53.1	1.0	49.6	74.6
平均面积（亩）	5.11	0.87	0.01	1.83	2.60
水面拥有率（%）	2.7	4.5	0.7	0.0	9.5
平均面积（亩）	0.027	0.111	0.010	0.000	0.095

表 2-11　五县家畜（禽）饲养均值比较

	鸡（鸭）（只）	牛（头）	猪（头）	羊（只）
台江	2.41	0.50	0.94	0.04
洞口	7.16	0.11	0.81	0.04
新蔡	3.29	0.03	0.08	0.16
米脂	1.47	0.09	0.63	1.15
平昌	10.07	0.27	1.44	0.15
总体平均	5.00	0.20	0.83	0.37

表 2-12　残疾人家庭家畜（禽）饲养情况地区比较

单位：%

	台江	洞口	新蔡	米脂	平昌
鸡鸭鹅	19.9	60.6	33.9	18.5	75.1
牛	39.5	10.8	1.0	7.3	17.2
猪	52.7	28.0	2.8	2.6	67.7
羊	1.0	1.6	3.9	6.5	2.7

（三）小额信贷

从小额信贷情况来看，在台江县被调查残疾人家庭中，了解小额信贷的占 23.5%，不了解的占 76.4%。申请小额信贷的有 84 户，占比 24.1%，其中申请得到批准的有 71 户，信贷用途从多到少依次是就医、住房翻新（维修）、其他用途、种养殖等生产、子女上学、购置农具和农田水利改造。在其他四个地区中，没听说过小额信贷的占比 19.8%，申请过小额信贷的有 132 户，占比 7.4%，没有申请过的占 72.8%。其中申请得到批准的有 81 户，信贷用途从多到少依次是种养殖等生产、就医、子女上学、住房翻新（维修）、购置农具、其他和农田水利改造。

台江县申请小额信贷的残疾人家庭比重最高，为 24.1%，新蔡县仅有 3.7%；平昌县准备申请小额信贷的残疾人家庭比重最高，为 35.2%。申请小额信贷获得批准的比重最低的是新蔡县，为 63.6%，最高的台江县为 91.0%。残疾人家庭对于贷款的作用效果评价比较高，除新蔡县为 87.5% 以外，其他地区均在 90% 以上（见表 2 - 13）。在用途方面，五县之间也有不同。洞口县申请者的主要用途前两项是"就医""子女上学"，新蔡县是"种养殖等生产""购置农具"，米脂县是"子女上学""种养殖等生产"，平昌县则是"就医"和"住房翻新（维修）"（见表 2 - 14）。

表 2 - 13 残疾人家庭小额信贷申请情况地区比较

单位：%

	台江	洞口	新蔡	米脂	平昌
已经申请	24.1	17.0	3.7	4.6	10.5
被批准	91.0	80.4	63.6	64.3	71.4
贷款有作用*	92.3	91.3	87.5	100.0	94.1
准备申请	20.1	23.1	23.1	17.0	35.2

注：* 对于小额信贷作用的效果评价共分"作用很大""作用一般""作用很小"和"说不清"四种情况，如果选择"作用很大"和"作用一般"就认为是小额信贷起作用了。

表 2 - 14 残疾人家庭小额信贷用途比较

单位：%

	洞口	新蔡	米脂	平昌
种养殖等生产	19.0	25.0	25.0	21.9

续表

	洞口	新蔡	米脂	平昌
购置农具	7.9	50.0	0.0	6.3
农田水利改造	1.6	0.0	0.0	0.0
子女上学	20.6	16.7	56.3	9.4
就医	30.2	0.0	0.0	34.4
住房翻新（维修）	9.5	0.0	12.5	28.1
其他	11.1	8.3	6.3	0.0
总计	100.0	100.0	100.0	100.0

四　残疾人及其家庭面临的困难与期望①

（一）残疾人家庭面临的困难与期望

从残疾人家庭面临的最主要困难来看，在"您家目前面临的最主要困难"这一问题上，按照各项困难被选频数由高到低进行排序，洞口县、新蔡县、米脂县和平昌县四个地区的情况如表2-15所示。对表中数据进行分析可知，对于家庭面临的最大困难，选择"看病难"的最多，有442个，占比24.4%，其次是"缺少劳动力"，占比21.8%，再次是"住房紧张"，占比14.4%，有193人选择了"吃不饱、穿不暖"，占比10.7%。面对当前最大的困难，在最希望得到的帮助上，绝大多数的被访者选择了"政府救济"，占比76.3%，远高于其他选项；其次是"提供技术指导和技能培训"，占比7.1%（见表2-16）。进一步的分析表明，被调查残疾人家庭在"面临的最大困难"和"最希望得到的帮助"上存在着差别。平昌县被调查残疾人家庭面临的最大困难排序为"看病难""缺少劳动力"和"住房紧张"，最希望得到的帮助为

---

① 因问卷有所区别，故在比较时有些数据未将台江县纳入其中。

"政府救济"与"提供技术指导和技能培训"；米脂县被调查残疾人家庭面临的最大困难排序为"缺少劳动力""看病难"和"子女上学难"，最希望得到的帮助为"政府救济""帮助解决贷款"和"提供生产工具帮助"；新蔡县被调查残疾人家庭面临的最大困难排序是"看病难""缺少劳动力"和"吃不饱、穿不暖"，最希望得到的帮助是"政府救济""帮助解决贷款"和"提供农药、种子等生产资料"；洞口县被调查残疾人家庭面临的最大困难排序是"住房紧张""吃不饱、穿不暖"和"看病难"，最希望得到的帮助是"政府救济"。台江县残疾人在生活方面面临的主要困难（前三项）是"手头没有余钱""没钱看病"和"没钱供子女上学"；在生产方面面临的主要困难（前三项）是"缺乏资金""缺乏劳动力"和"缺少技术"（具体见表2-17）。残疾人家庭在生活上最希望得到的帮助是"享受低保""医疗支出补助"和"生产经营帮扶"；在生产方面最希望得到的帮助是"提供资金支持""提供技术指导"以及提供生产工具和技能培训。

表 2 - 15　四地区残疾人家庭面临的最大困难

项目	频数（个）	所占比重（%）
看病难	442	24.4
缺少劳动力	394	21.8
住房紧张	261	14.4
吃不饱、穿不暖	193	10.7
子女上学难	152	8.4
缺少技术	115	6.4
交通不便	94	5.2
结婚困难	76	4.2
缺乏生产工具	38	2.1
缺乏农产品供应信息	18	1.0
其他	25	1.4
合计	1808	100

表 2 – 16　残疾人家庭最希望得到的帮助

	政府救济	提供技术指导和技能培训	提供生产资料帮助	帮助解决贷款	提供生产工具帮助	提供市场供求信息	其他	合计
频数（个）	1379	128	98	92	55	35	21	1808
所占比重（%）	76.3	7.1	5.4	5.1	3.0	1.9	1.2	100

表 2 – 17　残疾人家庭面临的困难地区比较

单位：%

项目	洞口	新蔡	米脂	平昌
吃不饱、穿不暖	20.6	14.3	2.8	3.6
住房紧张	23.2	11.6	9.8	12.5
子女上学难	8.2	4.8	10.9	10.4
交通不便	3.9	9.1	2.3	4.9
看病难	17.2	28.6	21.7	29.6
结婚困难	3.9	3.9	5.9	3.4
缺少劳动力	14.4	21.3	37.0	17.1
缺少技术	4.5	3.1	6.5	11.4

注：因问卷有所区别而未将台江县数据纳入此表。

（二）残疾人面临的困难与期望

在残疾人本人面临的主要困难方面，对洞口县、新蔡县、米脂县和平昌县四个地区的调查结果显示：残疾人认为面临的最大困难是"没有生活来源""看病难"和"无人照料"。此外，残疾人在照料自己、工作、出行、交往等方面均存在困难。残疾人最希望得到的帮助主要有："享受低保""医疗支出补助"（具体情况见表 2 – 18 和表 2 – 19）。台江县残疾人在生活中面临的主要困难有："没有生活来源""看不起病"和"无钱康复治疗"；在生活中期望得到的帮助主要有："医疗支出补助""康复服务"和

"护理照顾"。

表 2 – 18　洞口县、新蔡县、米脂县、平昌县四地区残疾人
面临的最大困难

项目	频数（个）	所占比重（%）
没有生活来源	630	35.1
看病难	368	20.5
无人照料	272	15.1
出行难	146	8.1
工作难	111	6.2
交往困难	76	4.2
上学难	66	3.7
贷款难	55	3.1
结婚难	54	3
其他	18	1
合计	1796	100

表 2 – 19　洞口县、新蔡县、米脂县、平昌县四地区残疾人
期望得到的帮助

	频数（个）	所占比重（%）
享受低保	815	45.6
医疗支出补助	507	28.3
康复服务	96	5.4
就业援助	78	4.4
获得辅助器具	65	3.6
劳动技能培训	61	3.4
改造家庭无障碍环境	51	2.9
减免学费	34	1.9
帮助找结婚对象	33	1.8
护理照料	30	1.7
接受教育	6	0.3

续表

	频数（个）	所占比重（%）
其他	13	0.7
合计	1789	100

　　分地区来看，除平昌县将"看病难"排在第一位外，其他三个地区均是将"没有生活来源"排在第一位（见表 2 - 20）。这表明，农村残疾人的基本生活问题仍然未能得到较好解决，残疾人及其家庭仍然需要与极端贫困做斗争。分地区来看，"享受低保"和"医疗支出补助"这两项在四个地区中均属于政策需求强烈的前两项。此外，不同地区残疾人存在需求上的差异，洞口县选择"护理照料""就业援助""改造家庭无障碍环境"的比较多；新蔡县选择"就业援助""康复服务""改造家庭无障碍环境""护理照料"的比较多；米脂县选择"获得辅助器具""康复服务""帮助找结婚对象""就业援助""改造家庭无障碍环境"的比较多；平昌县选择"康复服务""就业援助""获得辅助器具"的比较多（具体见表 2 - 21）。

表 2 - 20　残疾人面临的困难地区比较

单位：%

项目	洞口	新蔡	米脂	平昌
没有生活来源	47.0	27.2	47.1	21.7
看病难	17.5	22.3	12.8	27.8
无人照料	13.6	20.2	9.4	16.2
出行难	3.2	10.1	7.0	11.8
工作难	7.8	8.6	6.5	1.9
交往困难	1.7	2.7	3.9	8.4
上学难	3.0	3.2	4.9	3.8
贷款难	1.5	3.4	4.4	3.2
结婚难	2.8	1.9	3.4	4.0

续表

项目	洞口	新蔡	米脂	平昌
其他	1.7	0.4	0.5	1.3

注：因问卷有所区别而未将台江县数据纳入此表。

表 2-21　残疾人政策期望地区比较

单位：%

	洞口	新蔡	米脂	平昌
享受低保	59.3	59.7	23.6	35.8
医疗支出补助	21.6	18.6	39.9	35.4
康复服务	1.7	4.2	7.9	8.0
就业援助	2.8	6.3	3.4	7.4
获得辅助器具	1.5	1.1	7.9	4.8
护理照料	3.5	3.0	2.1	3.2
改造家庭无障碍环境	2.6	3.4	3.4	1.7
帮助找结婚对象	2.0	0.6	6.3	2.3
减免学费	2.8	0.8	3.1	1.1
劳动技能培训	0.9	1.9	1.8	0.0
接受教育	0.0	0.4	0.5	0.4

注：因问卷有所区别而未将台江县数据纳入此表。

五　基本结论

（一）解决生存问题是残疾人扶贫的第一要务

对调查结果进行进一步分析，可以发现，连片特困地区残疾人的生存状况堪忧，残疾人的主要需求仍集中在基本生活和医疗需求上。大多数残疾人存在"没有生活来源"和"看病难"的问题，还有部分残疾人家庭目前最大的困难是"吃不饱、穿不暖"，大多数残疾人家庭希望得到政府救济，希望残疾人能够享受"低保"和获得医疗补助。从残疾人家庭的主要收支来看,有相当一部分残疾人经济来源于政府救济,而残疾人及其家庭支出均集中在医疗支出和食品支出上。从保障人民基本生活的"低保"和"新农保"政策覆盖情况来看,仍有30%以上的残疾人家庭并未被覆盖在"低保"范围内,即使是享有"低保"的残疾人群体,"低保"标准也比较低,集中在30—120元,难以满足残疾人的生活需求;而"新农保"作为保障老年人生活的重要制度安排,仍有23.4%的残疾人未参保,而参加"新农保"的残疾人缴费水平很低,96%以上的残疾人缴费标准在100元及以下,保障水平有限。在住房方面,虽然绝大多数残疾人拥有自己的住房,但是相当一部分残疾人居住在土坯房中,人均住房数量不足1间,"住房紧张"位列残疾人家庭最主要困难的第三位。总体而言,残疾人群体仍有很强的生存保障需求,因此保障残疾人群体的生存需求仍是残疾人扶贫的第一要务。要建立健全农村残疾人基本生活保障网,并重视解决农村残疾人的医疗和住房问题。

(二)生产要素缺乏是残疾人脱贫的主要障碍

生产要素通常包括劳动力、资本、土地等,对于生活在连片特困地区的残疾人家庭而言,制约其生产发展的主要因素为劳动力和资本短缺。在调查中我们发现,重度残疾人往往需要家庭中的主要劳动力给予照顾,或者家庭中主要劳动力残疾并丧失劳动能力后,家庭往往更容易陷入贫困,且难以脱贫。尤其是在土地较多,且主要依靠农业收入的地区,这种现象更为普遍。如在五个调研县中,米脂县农村残疾人家庭承包的土地较其他地区多,从而缺少劳动力的影响更加明显。目前,农村家庭小型化的趋势非常明显,家庭中缺少一位主要劳动力,则意味着其比正常家庭少了一半劳动力,因而脱贫难度非常大。此外,残疾人家庭成员参加农村实用技术培训的比例很低,只占22.7%,其中约一半人认为作用很大，而在未参加过农村实用技术培训的 77.3% 的残疾人家庭成员中，仅有 30.2% 的人有参与的意愿。由此可见，农村实用技能培训取得的效果并不显著，应当加大实用技术培训的宣传力度，并努力探索更适合农村残疾人家庭的实用技术，不断提高劳动者的劳动技能。

在扶贫政策需求中，希望帮助解决贷款的政策需求排在第四位，"提供资金支持"排在贵州残疾人家庭政策需求的第一位。当前残疾人家庭的主要经济来源为种植、养殖收入，而从耕地面积和家畜（禽）饲养率来看，残疾人家庭人均耕地面积少、家畜（禽）饲养率也不高，可见残疾人家庭经济来源传统而单一，且收入不高，需要更多资金来发展生产，因此，残疾人家庭对资金有很大的需求。但是在实际调研中我们发现，实际申请小额信贷的残疾人家庭比较少。贵州是这五个地区中申请比例最高的，为24.1%，申请成功率为 84.5%，其他四个地区申请比例仅为7.4%，申请成功的比例为 61.4%。事实上，各地均存在小额信贷申请人数少的现象。据报道，2008 年宜昌残联实施就业信贷，当时只有 17 名残疾人提交了贷款申请，其中 4 人成功拿到小额贷款，财政预算安排的 500 万元，只发放了 8 万元①。由于当前的贷款机制严格限制了残疾人获得小额信贷的可能，使残疾人很难申请到资金；因此，考虑到残疾人群体的特殊性，为保障残疾人家庭获得适当的资金支持，提升其发展生产能力，应当建立农村残疾人专项小额信贷基金。

（三）不同地区残疾人面临的生存状态有差别

通过调查我们发现，虽然都属于连片特困地区，但是各地区的自然环境、人文历史、经济社会等各方面均存在非常大的差异，

---

① 《宜昌残疾人小额贷款遇尴尬》，http：//news. sxxw. net/html/20089/12/197338. shtml，2015 年 6 月 13 日访问。

不同地区残疾人面临的生存状态也存在显著差异。

台江县属西南少数民族地区，这一地区的扶贫重点县通常面临自然条件恶劣、基础设施落后、经济发展不足等因素的制约，脱贫的难度很大。台江县具备民族扶贫重点县的所有劣势，且山高坡陡，耕地面积少，目前人均耕地面积不到 0.7 亩。在所有调查县中，台江县申请小额信贷的比例最高，占比 24.1%，而信贷用途排在前两位的是就医和住房翻新（维修）。台江县需要重点解决残疾人的基本生存问题。

洞口县残疾人家庭总体生活水平较好。从总体用电量来看，洞口县用电量排在第二位，五个县残疾人家庭月平均用电量从低到高依次是：新蔡县，28.40 度；平昌县，31.18 度；台江县，36.37 度；洞口县，40.15 度；米脂县，42.31 度。根据调查结果，洞口县被调查残疾人家庭面临的最大困难是"住房紧张"。因此，洞口县需要优先解决农村残疾人的住房问题。

米脂县在五个调查县中生产资料（尤其是土地）最多，社会保障水平也最高。但从五县的劳动力数量来看，台江县、洞口县、新蔡县、平昌县和米脂县的残疾人家庭平均劳动力人数分别为 1.97 人、1.54 人、1.52 人、1.61 人和 1.17 人，米脂县面临劳动力不足的问题。该县在反贫困中急需解决耕地面积大和劳动力不足之间的矛盾。

新蔡县具有较好的区位优势，地处大别山区边缘地带，交通极为便利。从生产方面看，新蔡县残疾人家庭人均承包的土地排在第一位，交通工具拥有量也排在第一位。但通过对五个县的比较我们发现，残疾人面临的最大困难，新蔡县选择"看病难"的比例仅次于平昌，排在第二位。结合残疾人贫困特征及残疾人需求，建议新蔡县从医疗卫生方面进行突破，解决残疾人的医疗困难，从而缓解其贫困。

在五个县中，平昌县农村山高路远，交通不便；山高坡陡，可耕地面积少，残疾人贫困具有综合性特征。此外，对平昌县农村残疾人面临的最大困难的调查结果显示，排在前三位的为"看病难""缺少劳动力"和"住房紧张"，这一特征造成平昌县农村残疾人缓贫任务重。因此，平昌县需要以某一贫困指标为突破口来带动整体扶贫。

第三章
连片特困地区残疾家庭
多维贫困研究

一　概述

（一）前言

对贫困的界定和测量经历了从单维到多维的转变过程。早期的贫困研究者认为，贫困涉及的主要是经济范畴，一般用收入来衡量。如朗特里（Rowntree）在对英国约克郡的工人家庭贫困问题进行家计调查的基础上，撰写了《贫困：城镇生活研究》一书。在该书中，他将贫困定义为："总收入水平不足以获得仅仅维持身体正常功能所需的最低生活必需品"，这些必需品包括食品、住房、衣着等项目[①]。汤森（Townsend）认为，贫困者是指"所有居民中那些缺乏获得各种食物、参加社会活动和最起码的生活和社交资源的个人、家庭和群体"[②]。从上述定义可以看出，

[①] Rowntree B. S. , *Poverty: A Study of Town Life*, Macmillan, 1901.

[②] Townsend, *Poverty in the Onited Kingdom: A Survey of the Household Resources and Standards of Living*, Allen Lane and Penguin Books, 1979.

单维贫困集中于维持最低生活所必需的经济资源或收入水平。这一视角抓住了影响贫困的最普遍因素，使得从收入角度定义贫困成为世界各国的通行做法。收入具有直观、易衡量的特点，便于进行横向和纵向的比较。但收集被访者的收入信息容易遭到排斥，且容易流于贫困的表象，而忽视影响个人和家庭福祉的其他关键因素。

阿玛蒂亚·森的可行能力理论被公认为是多维贫困的理论基础①。森从能力的角度定义贫困，改变了从收入角度衡量贫困的单一现状。森提出"以可行能力剥夺看待贫困"②的观点，即贫困应被看作基本可行能力的剥夺，而不仅是收入的低下，开辟了贫困研究的新视角。森认为，"如果生活由一组我们可以实现的事情组成，那我们就不得不把能否实现这些能力作为评估的中心"。收入作为工具性变量来反映可行能力的剥夺显得过于单薄，而营养、医疗、教育与公共设施，甚至是家庭内部的不均等分配，也都是影响可行能力的重要因素。由此可见，能力贫困的内涵十分丰富，根据森的表述，"这些能力不仅是能够避免夭折、保持健康或受到教育，还包括能够参与社交活动、出现在公共场所而不羞怯等"。自此以后，多维贫困理论在理论界得到了广泛的研究和探讨，也引导了国际范围内的反贫困实践。世界银行在《1990 年世界发展报告》中就基于森的理论，将贫困定义为"缺少达到最低生活水准的能力"③。

相对于其他贫困度量方式，多维贫困具有以下突出优点：（1）可以更真实地反映个体被剥夺的情况，全面揭示贫困的复杂性、脆弱

① Martinetti, E. C. "A Multidimensional Assessment of Well-being Based on Sen's Functioning Approach", *Rivista Internazionaledi Scienze Sociali*, 2000.
② Sen A. "Poor, relatively speaking", Oxford Economic Papers, 1983.
Sen A. "The living standard", Oxford Economic Papers, 1984.
Sen A. "Commodities and capabilities", OUP Catalogue, 1999.
③ 世界银行：《1990 年世界发展报告》，中国财政经济出版社，1990。

性和持久性；（2）在贫困研究中加入了人文视角，使得贫困研究与人类文明进步的更多方面有了关联；（3）能够提供更加准确的信息，便于识别人们的能力剥夺[1]，使公共政策找到优先干预的领域，可以更加高效地瞄定贫困群体，为反贫困提供更精确具体的指导。随着我国进入中高收入阶段，减贫不仅要依靠经济增长的"涓滴效应"，还取决于收入分配效应，这时就必须对贫困人口进行准确的瞄准和测量[2]。多维贫困测量更全面地反映了影响福利水平的各维度被剥夺的情况，对于贫困的识别更精确。本章在世界性的减贫运动和我国扶贫开发的背景下，运用多维贫困理论，针对残疾人这一特殊群体的贫困状况进行测量和分析，并基于数据分析的结果提出建议与主张，以为更精确的农村残疾人扶贫提供理论支持。

（二）研究综述

多维贫困的测量，成为多维贫困理论提出后面临的最大挑战。国外的多维贫困研究主要包括多维贫困测度方法研究[3]、多维贫困

---

[1] Alkire, S. and Foster, J. E. "Counting and multidimensional poverty measurement", OPHI Working Paper No. 32, 2009.

[2] 王小林：《贫困测量：理论与方法》，社会科学文献出版社，2012。

[3] Wagle U. R. "Multidimensional poverty: An alternative measurement approach for the United States?", *Social Science Rearch*, 2008.

Martinetti, E. C. "A multidimensional assessment of well-being based on Sen's functioning approach", *Rivista Internazionale diScienze Sociali*, 2000.

Benhabib, A., Ziani, T., Bettahar, S., Maliki, S. "The analysis of poverty dynamics in Algeria: A multidimensional approach", *Topics in Middle Eastern and North African Economies*, 2007.

Betti G., Verma V. "Fuzzy measures of the incidence of relative poverty and deprivation: a multi-dimensional perspective", *Statistical Methods and Applications*, 2008.

Alkire S. "Choosing dimensions: The capability approach and multidimensional poverty", 2008.

指数构建研究①，以及多维贫困测量的实证研究②。其中 Alkire 发表了《维度选择：能力方法与多维贫困》一文，后又在与 Foster 一起发表了《计数和多维贫困测量》的论文，在前人研究的基础上，提出了一套多维贫困识别、加总和分解的方法，为多维贫困的测量提供了系统的理论指导。

多维贫困测量的研究在中国也吸引了大批学者的关注。国内学者大多从以下三方面切入：多维贫困理论研究③、多维贫困指标体系的修正与构建研究④，以及多维贫困实证研究。其中又分为全

---

① Callan T. , Nolan B. , Whelan C. T. "Resources, deprivation and the measurement of poverty", *Journal of Social Policy*, 1993.

Alkire S. , Santos M. E. "Acute multidimensional poverty: A new index for developing countries", United Nations development programme human development report office background paper, 2010.

Cerioli A. , Zani S. "A fuzzy approach to the measurement of poverty", *Studies in Contemporary Economics*, 1990.

② Bourguignon F. , Chakravarty S. R. "The measurement of multidimensional poverty", *The Journal of Economic Inequality*, 2003.

Chakravarty S. R. , Deutsch J. , Silber J. "On the Watts multidimensional poverty index and its decomposition", *World Development*, 2008.

Alkire, S. , Conconi, A. , Robles, G. and Seth, S. "Multidimensional poverty index, Winter 2014/2015: brief methodological note and results", OPHI Briefing 27, University of Oxford, January, 2015.

③ 叶初升、王红霞：《多维贫困及其度量研究的最新进展：问题与方法》，《湖北经济学院学报》2010 年第 6 期。

邹薇、方迎风：《怎样测度贫困：从单维到多维》，《国外社会科学》2012 年第 2 期。

刘泽琴：《贫困的多维测度研究述评》，《统计与决策》2012 年第 10 期。

丁建军：《多维贫困的理论基础、测度方法及实践进展》，《西部论坛》2014 年第 1 期。

④ 郭建宇、吴国宝：《基于不同指标及权重选择的多维贫困测量——以山西省贫困县为例》，《中国农村经济》2012 年第 2 期。

尚卫平、姚智谋：《多维贫困测度方法研究》，《财经研究》2005 年第 12 期。

李小云、李周、唐丽霞、刘永功、王思斌、张春泰：《参与式贫困指数的开发与验证》，《中国农村经济》2005 年第 5 期。

田飞：《贫困指标体系问题研究》，《学术界》2010 年第 11 期。

张全红、周强、蒋赞：《中国省份多维贫困的动态测度——以中国健康与营养调查中的 9 省为例》，《贵州财经大学学报》2014 年第 1 期。

国范围的研究和某一特定地区的研究。王小林等[1]借鉴 Alkire 和 Foster 对多维贫困指数修正后的测度方法，运用 2006 年中国健康与营养调查的数据，从住房、饮用水、卫生设施、电、资产、土地、教育和健康保险这 8 个维度，进行了中国的多维贫困测量。邹微等[2]借鉴 Alkire 等构造多维测度方法的最新成果，基于 1989—2009 年的数据，从收入、教育、生活质量三个维度来测度贫困，纵向对中国的多维贫困状况进行了研究。陈琦[3]利用统计数据，对武陵山区的多维贫困状况进行了测度和研究。陈中立[4]选取 1990 年、1997 年、2003 年这三个代表我国转型期的关键年份数据，对我国转型时期的多维贫困状况进行了分解研究。李佳路[5]、李飞[6]分别基于调研数据对特定地区的贫困情况进行了比较分析。除少数几篇针对贫困测量方法修正的文献，大多数研究者在进行贫困测度时，维度选取虽有不同，但均采用等权重的方式。

多维贫困研究由来已久，但通过文献梳理可以发现，将多维贫困理论运用到某一特定群体的研究还较少。进行残疾人家庭的多维贫困研究，可以填补研究空白，并且对残疾人反贫困具有重要的理论指导意义。本章将以多维贫困理论为基础，通过数据分析，探索样本残疾人家庭多维贫困的特点，并提出有针对性的残疾人扶贫建议。

---

① 王小林、Sabina Alkire：《中国多维贫困测量：估计和政策含义》，《中国农村经济》2009 年第 12 期。
② 邹薇、方迎风：《关于中国贫困的动态多维度研究》，《中国人口科学》2011 年第 6 期。
③ 陈琦：《连片特困地区农村贫困的多维测量及政策意涵——以武陵山片区为例》，《四川师范大学学报》（社会科学版）2012 年第 3 期。
④ 陈立中：《转型时期我国多维度贫困测算及其分解》，《经济评论》2008 年第 5 期。
⑤ 李佳路：《农户多维度贫困测量——以 S 省 30 个国家扶贫开发工作重点县为例》，《财贸经济》2010 年第 10 期。
⑥ 李飞：《多维贫困测量的概念、方法和实证分析——基于我国 9 村调研数据的分析》，《广东农业科学》2012 年第 9 期。

二 数据来源和研究方法

（一）数据来源

本章数据来自 2013 年 9 月下旬在陕西省米脂县和 10 月在四川省平昌县的调研。课题组采用分层抽样的方法，先从样本县中随机抽取 10 个乡镇，再从各个乡镇中抽选出接受调查的样本村，进而从样本村中确定接受调查的残疾人家庭。米脂县抽取的乡镇为郭兴庄镇、龙镇、十里铺镇、桥河岔镇、桃镇、杨家沟镇、沙家店镇、银州镇、石沟镇和印斗镇，共回收问卷 393 份；平昌县抽取的乡镇为坦溪镇、石垭乡、五木镇、得胜镇、驷马镇、兰草镇、灵山镇、元山镇、涵水镇和龙岗镇。每个乡镇发放问卷 50 份，共回收有效问卷 481 份。两县回收问卷共 874 份，形成本章的研究样本。

（二）研究方法

本章采用定量与定性相结合的方法，运用多维贫困理论，通过对多维贫困指数的分解，探索收入以外的因素对残疾人家庭贫困状况的贡献率。同时，根据实际情况对影响贫困的各维度进行加总，生成代表残疾人家庭贫困的指标。再通过相关性分析，将"贫困"指标与其他指标进行分析，找出残疾人家庭贫困的致因，为提出有针对性的扶贫措施提供参考，以提高扶贫效率。

关于多维贫困的一个难点是如何选择测量贫困的指标。联合国开发计划署（UNDP）于 1990 年推出的多维贫困指数，从健康、教育和收入三个维度衡量贫困。这三个维度分别由出生时的预期寿命、成人识字率（平均受教育年限）和以购买力平价折算的实际人均国内生产总值（PPP）三项指标合成，在测量方面比较容易操作；1997 年由联合国开发计划署推出的人类贫困指数 HPI（Human Poverty Index）采用寿命、读写能力和生活水平这三个维度构造多维贫困指数，并将其应用于一些国家中进行贫困测算。虽然 HPI 能够反映人们基本能力方面的贫困，为反贫困措施的制定提供一定的参考，但如何对指标进行加总，以及权重选择的随意性，使得理论界对它的合理性持保留意见。多维贫困指数 MPI（Multidimensional Poverty Index）是由联合国授权的"牛津贫困与人类发展研究"课题组于 2010 年发布的一个界定绝对贫困人口的新指数。MPI 涵盖了健康、教育、财产、服务、营养和卫生等 10 个主要变量，更全面地反映了家庭在贫困上受到的多方面挑战。MPI 既能反映贫困发生率还能反映贫困发生的强度，同时还能反映个人或家庭被剥夺了多少。它被用来解释生活在贫困中的人们，并且还允许比较国家与国家之间、地区与地区之间、城市与农村之间，以及具有某些家庭和社区特色的贫困。

在"贫困"指标的合成上，本章在联合国开发计划署的多维贫困指数（UNDP – MPI）的维度与指标设定的基础上，通过借鉴联合国千年发展目标对各个具体指标的相关技术规定，以及前人的研究成果，根据实际情况和数据的可获得性对部分指标和剥夺临界值略做调整。调整后的指标和剥夺临界值如表 3 – 1 所示。

表 3 – 1　多维贫困指标及临界值

指标	受剥夺阈值	备注
资产	家中没有汽车、拖拉机，并最多拥有自行车、摩托车、电动车中的一种，赋值为 1。	考虑到各地居住形态的不同，两者中有一个未被剥夺，在总维度上则界定为未被剥夺。
住房	家庭住房结构为"木、竹、草""土坯"或"窑洞"，赋值为 1。	
	人均住房数量低于 1 间，赋值为 1。	
电消费	家庭人均月用电量/电费低于平均值，赋值为 1。	
清洁饮用水	家庭饮用水源非"井水""自来水"，赋值为 1。	井水统一认为是超过 5 米的深井水。
生活燃料	以"柴草""秸秆"为生活燃料，赋值为 1。	

续表

指标	受剥夺阈值	备注
社会保障	家中残疾人未参加新型农村养老保险，赋值为1。	
社会参与	残疾人家庭与其他村民的交往程度为"很少"或"说不清"，赋值为1。	

在电消费指标上，考虑到实际情况和数据获取的难易度，由原来的"家中不通电"改为"家庭人均月用电量/电费低于平均值"①。在住房方面，由于两地居住形态不同，住房结构并不能有效衡量贫困情况，故加入"人均住房面积"子维度，两者共同组成衡量"住房"的指标。而在健康维度上，由于所调研住户均为残疾人家庭，满足"家庭成员中有人患大病、慢性病、残疾或有人没有参加任何医疗保险"的描述，所以用在这里意义不大，将该指标排除。在教育方面，根据问卷做了相应的调整，将教育的衡量放在之后的相关性分析模块。在这里，增加了社会保障和社会参与的维度。社会保障是人们的安全网，社保拥有的情况对衡量生活稳定程度和是否存在潜在贫困威胁具有重要的参考意义。这两个维度的增加旨在更全面地衡量非资产方面的贫困情况。在权重的确定上，这里采用国际上常用的等权重方法。之后，通过七个指标的加总，形成衡量残疾人家庭贫困程度的综合指标。

以上指标调整从当地的实际情况和残疾人特征出发，更具操作性和针对性。但仍存在以下问题：(1)部分信息具有模糊性和不精确性，如因不能获得残疾人家庭井水深度的信息，将"井水"统一视为超过5米的深井水。(2)维度设置存在不全面性。在"社会保障"维度，选取"养老保险"来代表残疾人获得的来自社会的保障

---

① 由于2014年的统计年鉴目前无法获得，为了保证数据的准确性，这里根据《四川统计年鉴2013》中农业人口和农村用电量测算，19.74度是2012年四川省农村居民人均月用电量，低于该指标，则表示在该维度上受到剥夺。根据《陕西统计年鉴2013》，陕西省农村居民月人均电费支出为7.475元，低于该指标，则表示在该维度上受到剥夺。

情况，但忽略了医疗方面的保障，事实上，残疾人康复也需要医疗保障体系的支持，而在本指标体系构建中并未得到体现。

由于"住房"和"电消费"指标的剥夺阈值需对数据做均值处理，因此需要含有"家庭总人数"的数据。此次课题研究共选取了五个县，分别是四川平昌县、陕西米脂县、河南新蔡县、湖南洞口县和贵州台江县。为了体现地方特色，这五地的问卷设计并不完全相同，其中只有四川平昌县和陕西米脂县的问卷中含有"家庭总人数"的设计，因此本章只选用这两县的数据进行多维贫困指标体系下的数据分析。

三　数据分析

（一）残疾人家庭贫困测量结果

表3－2是从本章构建的七个维度来分别估算样本残疾人群体的单维贫困发生率。可以看出，资产方面的单维贫困发生率最高，为91.2%；生活燃料的单维贫困发生率其次，为57.5%；45.4%的残疾人家庭在住房方面存在剥夺；样本残疾人家庭在饮用水方面的单维贫困发生情况已经杜绝。

表3－2　残疾人家庭单维贫困发生率

单位：%

维度	资产	住房	电	饮用水	生活燃料	社会保障	社会参与
单维度贫困发生率	91.2	45.4	51.4	0.3	57.5	29.1	16.2

利用前文所介绍的方法，对平昌、米脂两县的残疾人家庭进行多维贫困估计，结果如表3－3所示。当存在一个维度贫困（只要存在一个维度被剥夺即被定义为贫困）时，平均剥夺份额（A）为0.453，贫困发生率（H）为0.894，多维贫困指数为0.405。数据显示，平均剥夺份额随着维度的增加而增加，贫困发生率和多

维贫困指数均随着维度的增加呈递减趋势。

表 3 - 3　残疾人多维贫困估计结果

k	贫困 发生率 （H）	多维贫困 指数 （M_0）	平均剥夺 份额 （A）	k	贫困 发生率 （H）	多维贫困 指数 （M_0）	平均剥夺 份额 （A）
1	0.894	0.405	0.453	4	0.352	0.220	0.626
2	0.834	0.396	0.475	5	0.125	0.091	0.727
3	0.618	0.334	0.541	6	0.011	0.009	0.857

　　表 3 - 4 是平昌和米脂两县不同 k 值下的多维贫困指数及每个维度的贡献率。以 k = 3 为例，任意 3 个维度存在剥夺的多维贫困指数是 0.334，其中，资产的贡献率最大，为 26.4%；电消费次之，为 21.7%；之后是生活燃料，为 21.4%，清洁饮用水的贡献率最低，为 0.2%。数据显示，资产和清洁饮用水在任一维度的贡献率分别为最高和最低，这表明资产贫困还是平昌和米脂两县残疾人家庭贫困的主要原因。清洁饮用水是千年指标的重要组成部分，近年来，国际组织以及国务院扶贫办、卫生部等部门在清洁用水方面大幅度增加了政策支持和资金投入①。陕西省米脂县位于黄土高原地区，水质差、缺水现象严重，但是数据表明两县残疾人样本家庭清洁饮用水方面的贡献率较低，显示出了良好的政策扶持效果。

**表 3 - 4　样本残疾人家庭多维贫困指数以及不同 k 值下
每个维度的贡献率**

单位:%

k	M_0	资产	住房	电	饮用水	生活燃料	社会保障	社会参与
1	0.402	31.7	14.5	19.3	0.1	19.8	9.7	4.9

---

① 王素霞、周向红、刘婷、王小林：《少数民族的安全饮用水、卫生设施和能源贫困评估——以阿坝藏族羌族自治州为例》，载中国管理现代化研究会、复旦管理学奖励基金会《第七届中国管理学年会公共管理分会场论文集（选编）》，2012。

续表

k	M_0	资产	住房	电	饮用水	生活燃料	社会保障	社会参与
2	0.392	29.8	14.5	19.4	0.1	21.3	9.8	5.1
3	0.334	26.4	13.3	21.7	0.2	21.4	11.3	5.6
4	0.222	22.8	15.0	21.1	0.2	21.6	12.6	6.7
5	0.091	19.6	17.0	19.4	0.0	19.2	13.5	11.3
6	0.009	16.7	16.7	16.7	0.0	16.7	16.6	16.6

（二）残疾人家庭贫困的相关性分析

表 3-5 显示，残疾人家庭贫困程度与残疾人受教育年限、农电整改情况、家庭成员参与农村实用技术培训和残疾人康复培训情况在 0.01 水平（双侧）上负相关，即残疾人受教育年限越低、没有进行农电整改、家庭成员没有参加过实用技术培训和残疾人康复培训，则贫困情况越严重。这四项是极具代表性的指标：残疾人受教育年限是影响残疾人可行能力的重要因素，而这又间接影响到残疾人的就业和经济能力；农电整改影响到残疾人家庭的居住环境改造，对于残疾人家庭获取电力资源具有重要意义；家庭成员是否参加农村实用技术培训是衡量扶贫措施参与度和效果的指标，同样家庭成员是否接受残疾人康复培训对于减少家中残疾人康复开支和总支出具有重要作用。通过贫困程度与这四项的相关性分析，可以很好地进行扶贫效果的评估，并为制定针对残疾人家庭的扶贫政策提供参考。

表 3-5　残疾人家庭贫困程度的相关性分析

	贫困程度	残疾人受教育年限	农电整改情况	成员参加农村实用技术培训情况	成员接受残疾人康复培训情况
贫困程度	1				
	789				

	贫困程度	残疾人受教育年限	农电整改情况	成员参加农村实用技术培训情况	成员接受残疾人康复培训情况
残疾人受教育年限	-.182**	1			
	.000				
	660	733			
农电整改情况	-.100**		1		
	.007				
	723		788		
成员参加农村实用技术培训情况	-.208**			1	
	.000				
	788			862	
成员接受残疾人康复培训情况	-.151**				1
	.000				
	783				850

** 在 .01 水平（双侧）上显著相关。

四　结论和思考

（一）主要结论

通过对平昌、米脂两县样本残疾人家庭多维贫困状况的分析，可以得出以下结论。首先，资产贫困是平昌和米脂残疾人家庭多维贫困的主要致因。这里的资产指汽车、拖拉机等大型运输工具，以及摩托车、电动车、自行车等日常交通工具。平昌、米脂两县的样本残疾人家庭资产的缺乏，严重影响其日常生活和基本农作。其次，电消费、生活能源和残疾人教育也是影响残疾人家庭贫困的重要原因。样本残疾人家庭存在电消费量严重不足、生活能源仍以柴草等非清洁能源为主、残疾人受教育年限普遍偏低的状况。相关性分析表明，农电整改对于反贫困具有显著作用，该政策可以继续大力推行。再次，技术性扶贫效果显著。农业技术培训作为扶贫开发的一项主要措施，比直接的物质援助更具持续性。应加大推行技术性扶贫的力度，并增加参与农村实用技术培训的学费补贴，提高残疾人家庭的参与度。最后，残疾人康复培训对于残疾人家庭反贫困具有独特作用。康复是帮助残疾人恢复或补偿功能、提高生存质量、增强社会参与能力的重要途径。残疾人由于生理或精神的缺陷，被排斥在劳动力市场之外，不但不能获得经济来源，而且给残疾人家庭带来了沉重的经济负担。残疾人康复培训有助于残疾人恢复或部分恢复功能，增强其可行能力，减轻家庭的负担。

（二）多维贫困视角下的残疾人反贫困策略

早期的反贫困措施主要通过经济增长来缓解贫困，这种扶贫方式提高了物质水平，但对经济之外其他福利维度缺失的作用并不明显。多维贫困从影响福祉的多方面因素出发，更全面地关注到了贫困群体的诉求，有利于提高扶贫开发的质量。

基于多维贫困的视角，残疾人的反贫困需要在以下几个方面改进。首先，为残疾人家庭提供大型运输和日常交通工具购置补贴。对于残疾人尤其是肢体残疾人来说，日常电动交通工具是使其走出家门的重要辅助，而拖拉机等耕作用具和小汽车等运输工具是家庭生产能力的重要体现。帮助残疾人家庭彻底走出贫困，减少贫困的反弹，在生活和生产工具的帮扶上要给予更多关注。其次，继续推广农电下乡和农电整改。电既是一种清洁能源，又可以打破闭塞、增加贫困地区与外地的沟通。柴草、煤炭等一次性能源会带来空气和粉尘污染，而清洁卫生的居住环境，对于减少先天残疾和后天残疾的康复有重要作用。电的引入和升级有助于改变两地残疾人家庭的生活形态，帮助他们摆脱粗放的生产和经营方式，提高收入水平。最后，推广技术性扶贫。早期的扶贫多强调经济补助，但对残疾人来说，增强其人力资本，使其获得参与市场竞争的知识和技能，才是改善其贫困状况的长久之计。

参考文献

[1] Alkire S. , Santos M. E. "Acute multidimensional poverty: A new index for developing countries", United Nations development program human development report office background paper, 2010.

[2] Alkire S. "Choosing Dimensions: The Capability Approach and Multidimensional Poverty", 2008.

[3] Alkire S. , Conconi A. , Robles, G. and Seth S. "Multidimensional poverty index, Winter 2014/2015: brief methodological note and results", OPHI Briefing 27, University of Oxford, January, 2015.

[4] Alkire, S. and Foster, J. E. "Counting and multidimensional poverty measurement", OPHI Working Paper No. 32, 2009.

[5] Benhabib, A. , Ziani, T. , Bettahar, S. , Maliki, S. "The analysis of poverty dynamics in Algeria: a multidimensional approach", *Topics in Middle Eastern and North African Economies*, 2007.

[6] Betti G. , Verma V. "Fuzzy measures of the incidence of relative poverty and deprivation: a multi-dimensional perspective", *Statistical Methods and Applications*, 2008.

[7] Bourguignon F. , Chakravarty S. R. "The measurement of multidimensional poverty", *The Journal of Economic Inequality*, 2003.

[8] Callan T. , Nolan B. , Whelan C. T. "Resources, deprivation and the measurement of poverty", *Journal of Social Policy*, 1993.

[9] Cerioli A. , Zani S. "A fuzzy approach to the measurement of poverty", *Studies in Contemporary Economics*, 1990.

[10] Chakravarty S. R. , Deutsch J. , Silber J. "On the Watts multidimensional poverty index and its decomposition", *World Development*, 2008.

[11] Martinetti, E. C. "A multidimensional assessment of well-being based on Sen's functioning approach", *Rivista International edScienzeSociali*, 2000.

[12] Sen A. "Poor, relatively speaking", Oxford economic papers, 1983.

[13] Sen A. "The living standard", Oxford Economic Papers, 1984.

［14］ Sen A. "Commodities and capabilities", OUP Catalogue, 1999.

［15］ Wagle U. R. "Multidimensional poverty: an alternative measurement approach for the United States?", *Social Science Research*, 2008.

［16］ 陈立中:《转型时期我国多维度贫困测算及其分解》,《经济评论》2008 年第 5 期。

［17］ 陈琦:《连片特困地区农村贫困的多维测量及政策意涵——以武陵山片区为例》,《四川师范大学学报》(社会科学版) 2012 年第 3 期。

［18］ 丁建军:《多维贫困的理论基础、测度方法及实践进展》,《西部论坛》2014 年第 1 期。

［19］ 郭建宇、吴国宝:《基于不同指标及权重选择的多维贫困测量——以山西省贫困县为例》,《中国农村经济》2012 年第 2 期。

［20］ 李飞:《多维贫困测量的概念、方法和实证分析——基于我国 9 村调研数据的分析》,《广东农业科学》2012 年第 9 期。

［21］ 李佳路:《农户多维度贫困测量——以 S 省 30 个国家扶贫开发工作重点县为例》,《财贸经济》2010 年第 10 期。

［22］ 李小云、李周、唐丽霞、刘永功、王思斌、张春泰:《参与式贫困指数的开发与验证》,《中国农村经济》2005 年第 5 期。

［23］ 刘泽琴:《贫困的多维测度研究述评》,《统计与决策》2012 年第 10 期。

［24］ 尚卫平、姚智谋:《多维贫困测度方法研究》,《财经研究》2005 年第 12 期。

［25］ 世界银行:《1990 年世界发展报告》,中国财政经济出版社,1990。

［26］ 田飞:《贫困指标体系问题研究》,《学术界》2010 年第 11 期。

［27］ 王素霞、周向红、刘婷、王小林:《少数民族的安全饮用水、卫生设施和能源贫困评估——以阿坝藏族羌族自治州为例》,载中国管理现代化研究会、复旦管理学奖励基金会《第七届中国管理学年会公共管理分会场论文集 (选编)》,2012。

［28］ 王小林、Sabina Alkire:《中国多维贫困测量:估计和政策含义》,《中国农村经济》2009 年第 12 期。

［29］ 王小林:《贫困测量:理论与方法》,社会科学文献出版社,2012。

［30］ 叶初升、王红霞:《多维贫困及其度量研究的最新进展:问题与方法》,《湖北经济学院学报》2010 年第 6 期。

［31］ 张全红、周强、蒋赟:《中国省份多维贫困的动态测度——以中国健康

与营养调查中的 9 省为例》，《贵州财经大学学报》2014 年第 1 期。

[32] 邹薇、方迎风：《关于中国贫困的动态多维度研究》，《中国人口科学》2011 年第 6 期。

[33] 邹薇、方迎风：《怎样测度贫困：从单维到多维》，《国外社会科学》2012 年第 2 期。

第四章
连片特困地区残疾人贫困
影响因素研究

贫困的成因非常复杂，它是多种因素作用的结果。目前国内外对于致贫原因已经形成了丰富的理论体系，这些理论认为人力资本缺乏、劳动要素缺乏、资本要素缺乏和社会排斥等是贫困的重要致因。基于这些因素对残疾人贫困进行实证分析，验证各类因素对残疾人家庭贫困的影响程度，有利于在残疾人家庭反贫困过程中针对各类影响因素制定切实有效的扶贫政策。

一　残疾人贫困理论

（一）引言

对于贫困致因，国内外很多学者都进行了研究，形成了丰富的理论体系。早期的许多经济学家认为，资本匮乏是贫困的最重要原因，强调资本的作用，如缪尔达尔的"循环累积因果论"分析了"低收入循环累积因果过程"：人均收入水平低，导致生活水平低——营养不良、健康受损、受教育水平低，从而劳动力素质不高；劳动力素质不高反过来又导致劳动生产率难以提高、产出低，而低产出必然导致低收入，在这个循环过程中强化了贫困①。20 世纪 60 年代以后的发展经济学者开始论证解决贫困问题的其他重要途径，如舒尔茨的人力资本理论。他认为人力资本对经济发展的正向作用大于物质资本。人力资本体现为人所掌握的各种知识、技能和良好的身体素质，教育投资是主要部分②。阿玛蒂亚·森在 20 世纪 90 年代提出用能力和收入来衡量贫困的新思维，认为贫困的实质是能力的缺乏。收入是增强可行能力的重要手段，能力的提高可以获得更多的收入。减贫不仅仅要增加收入，更要增强可行能力③。在社会学领域，美国学者刘易斯从社会文化的角度对贫困现象进行了解释。他认为穷人因为贫困而在居住等方面具有独特性，会形成独特的生活方式和文化观念，形成一种贫困亚文化，这种文化使得穷人即使遇到摆脱贫困的机会也难以利用它走出贫困④。因此反贫困主要是通过教育来改造贫困文化。

　　事实上，贫困的成因非常复杂，它是多种因素作用的结果。残疾人家庭的贫困也是如此。由于身体素质差，受教育水平低，残疾人人力资本水平和可行能力低；残疾人家庭劳动力数量少，生产技能不高，发展生产的生产要素缺乏；残疾人家庭社会融入程度低，脱离贫困的能力差。在这些因素的综合作用下，残疾人家庭更容易陷入贫困；反过来，这种贫困又会限制其能力的提升，恶化残疾人家庭的状况。

（二）人力资本缺乏

　　人力资本理论，最初由美国学者舒尔茨提出。舒尔茨认为人力资本投资主要在医疗和保健、在职人员培训、正式建立起来的初等中等和高等教育、技术推广、就业迁移等五个方面。人力资

---

①　Myrdal G. , *Economic Theory and Under-developed Regions*, Duck worth, 1957.

②　西奥多·W. 舒尔茨：《论人力资本投资》，北京经济学院出版社，1990。

③　阿玛蒂亚·森：《贫困与饥荒》，商务印书馆，2001。

④　Oscar Lewis, *Five Families：Mexican Case Studies in the Culture of Poverty*, Basic Book, 1975.

本对经济发展的正向作用要比物质资本更加重要。对于穷人而言，改进穷人福利的关键因素不是空间、能源和耕地，而是提高人口质量、提高知识水平①。和舒尔茨的研究类似，丹尼森发现：1929—1957 年，美国学校教育对经济增长的贡献率达到 20%—21%，超过了物质资本对经济增长的贡献。从减贫的国际视角来看，贫困地域或是贫困人口发展的最大障碍来自人力资本的不足和匮乏。故此，中国的减贫工作不仅要重视物质层面的扶持，同时也应加强对贫困者人力资本的培育和积累，要在人口素质和自我发展能力方面给予更多关注②。

有关农村教育投资与农村经济增长、农户脱贫的关系，很多学者进行了实证研究。研究显示，初中及以上文化水平的农村劳动力可促进农村扶贫效率的提高，且中专文化水平的农村劳动力对提高农村扶贫效率的实际贡献值最大，高中文化水平的农村劳动力的贡献值次之。教育具有反贫困功能③。教育是提高人口素质的主要途径，可以帮助农民摆脱长期贫困④。

在贫困与残疾之间的关系上，一方面，残疾容易导致贫困。随着我国农村贫困人口的大幅度减少和贫困率的下降，剩余的农村贫困人口呈现明显的家庭和个人特征：绝大多数贫困人口是因残疾患病等因素导致劳动力完全丧失的人口，他们很难继续从开发式扶贫中获得有效的帮助⑤。而随着健康状况的改善，居民的劳

---

① 西奥多·W. 舒尔茨：《论人力资本投资》，吴珠华等译，北京经济学院出版社，1990。

② 高玉喜：《中国贫困地区人力资本投资与经济增长》，《管理世界》1996 年第5 期。

③ 吴睿、王德祥：《教育与农村扶贫效率关系的实证研究》，《中国人力资源开发》2010 年第 4 期。

④ 陈全功、程蹊：《长期贫困为什么难以消除——来自扶贫重点县教育发展的证据》，《西北人口》2006 年第 3 期。

⑤ 张秀兰等：《中国农村贫困状况与最低生活保障制度的建立》，《上海行政学院学报》2007 年第 8 期。

动参与显著增加，贫困发生率显著下降①。另一方面，贫困更容易
导致一些疾病的发生和残疾。Daniel C. Lustig 和 David R. Strauser
整合了之前学者的一些研究，建立了"贫困—残疾"模型（The
Poverty Disability Model，PDM），对贫困是如何导致残疾的影响因
素进行了分析②。

（三）劳动要素缺乏

劳动是生产过程的基本要素，劳动数量和质量是影响劳动收
入的主要因素。对于家庭收入与劳动力的关系，很多学者进行了
研究。一是对劳动力转移与贫困的关系进行研究。根据住户调查
数据，农村劳动力外出打工行为对于农村居民贫困影响的研究表
明：农村劳动力外出行为显著地降低了农村贫困程度，这一结论
对于不同的贫困标准、福利度量指标都具有稳健性；外出时间长
短对于外出户的贫困状况具有显著影响③。农村住户劳动力如果不
外出从业，将更加集中地处在农村收入分布的中低端；而农村住
户劳动力的外出从业降低了农村收入不平等和贫困程度④。二是分
析家庭劳动力数量和质量禀赋对农户生产经营的影响。实证结果
显示：农户家庭劳动力数量与农户家庭农产品年总产值正相关；
农户家庭劳动力质量与农户家庭农产品年总产值呈正"U"形关
系⑤；接受职业教育和技术培训的劳动力劳均收入高于未接受者，
家庭中接受培训的劳动力数量越多，家庭劳均收入越高⑥。

---

① 刘生龙、李军：《健康、劳动参与及中国农村老年贫困》，《中国农村经济》
　2012 年第 1 期。
② Daniel C. Lustig, David R. Strauser, "Causal relationships between poverty and disa-
　bility", *Rehabilitation Counseling Bulletin* 50 (4), 2007.
③ 岳希明：《农村劳动力外出打工与缓解贫困》，《世界经济》2010 年第 11 期。
④ 王建国：《外出从业、农村不平等与贫困》，《财经科学》2013 年第 3 期。
⑤ 马九杰、曾雅婷、吴本健：《贫困地区农户家庭劳动力禀赋与生产经营决策》，
　《中国人口资源与环境》2013 年第 5 期。
⑥ 白菊红、袁飞：《农民收入水平与农村人力资本关系分析》，《农业技术经济》
　2003 年第 1 期。

残疾人家庭由于残疾人自身身体上或智力上的缺陷，劳动能力部分或全部丧失，会减少家庭劳动力数量、降低质量；另一方面，部分残疾人残疾程度重，自理能力和自我照料能力差，需要其他家庭成员的照料和扶持，也会分散家庭劳动力的精力，减少家庭中外出打工的劳动力数量。残疾人家庭负担重，残疾人及其家庭成员的受教育水平和技能水平较低，又会制约残疾人家庭脱离贫困。

（四）资本要素缺乏

对于贫困成因最早的研究主要集中在资本的缺乏上，小额信贷正是为应对贫困者资本缺乏而采取的一种金融创新，它是面向低收入人群的额度较小的信贷服务，以反贫困、促发展为宗旨。小额信贷业务起源于 20 世纪 70 年代的孟加拉，1977 年 10 月，穆罕默德·尤努斯（Muhammad Yunus）创办孟加拉农业银行格莱珉（Grameen）试验分行，格莱珉小额信贷模式开始逐步形成。其贷款对象为贫困农户，特别是贫困妇女，贷款金额小，采用无抵押小组联保的方式为低收入人群的经济发展提供资金支持。格莱珉银行关于贫困农户小额贷款的模式获得成功，得到很多发展中国家的广泛效仿。1996 年，世界 50 多个发展中国家小额信贷项目覆盖的贫困人口已经达到 600 万[①]。

对于小额信贷与缓解贫困之间的关系，很多学者进行了实证研究。实证结果显示，小额信贷能够提高农户收入水平，缓解贫困。学者的实证研究表明，小额信贷可以显著地提高农户的收入水平；将贷款资金和劳动力投入到非农产业可以显著提高农户收入水平[②]。另一些学者利用中国 1994—2004 年的时间序列和 2004

---

① 石俊志：《小额信贷发展模式的国际比较及其对我国的启示》，《国际金融研究》2007 年第 10 期。

② 马宇、许晓阳、于凤芹：《小额信贷对农户收入影响的实证分析——基于安徽亳州农村信用社的调查》，《金融理论与实践》2008 年第 8 期。

年的截面数据进行分析，也表明了小额信贷增加了农民的家庭经营收入，显著地降低了贫困程度①。还有学者对计生贫困家庭 NGO 小额信贷情况的数据进行实证分析，发现 NGO 小额信贷各项指标对农村计生贫困妇女个人、家庭收入水平以及家庭达到小康水平的概率均有显著影响，NGO 小额信贷对农村计生贫困家庭的经济救助效果显著②。其他研究也证明了小额信贷的减贫效应③。

（五）社会排斥

社会融合问题常常出现在人与人、阶层与阶层、群体与群体之间，而脆弱群体理论、社会分层理论、社会距离理论和社会排斥理论分别从不同角度为社会融合提供了理论依据④。目前，提到"社会融入"时，其主体主要是未成年人、老年人、残疾人、吸毒者、刑满释放人员、农民工、流浪乞讨人员等特殊群体⑤。

穷人和残疾人通常被认定为弱势群体。穷人由于其经济上的问题，在社会生活中会受到一定程度的排斥，有一定的社会融入问题。残疾人由于身体上或智力上的缺陷，不仅在日常出行、与人交往等方面存在一定困难，而且会在教育、就业等领域受到歧视和排斥。学者的调查研究发现，城市贫困人口大多认同贫困群体，从而在心理上拉开了与非贫困群体的距离，出现了与社会分离的趋势，不利于社会融合⑥。进一步的研究表明，残疾人在基本

---

① 张立军、湛泳：《金融发展与降低贫困——基于中国 1994—2004 年小额信贷的分析》，《当代经济科学》2006 年第 6 期。

② 刘家强、王春蕊：《NGO 小额信贷对农村计生贫困家庭经济救助效果的实证研究》，《人口研究》2009 年第 4 期。

③ 秦庆武、刘庆娜：《农村信用社小额信贷与降低贫困的实证分析》，《东岳论丛》2009 年第 2 期。

④ 黄匡时：《社会融合理论研究综述》，《新视野》2010 年第 6 期。

⑤ 陈成文、孙嘉悦：《社会融入：一个概念的社会学意义》，《湖南师范大学社会科学学报》2012 年第 6 期。

⑥ 何汇江：《城市贫困人口的群体认同与社会融合》，《中州学刊》2003 年第 3 期。

保障、医疗康复、教育程度、就业状况等方面均存在被排斥的现象[1]。目前，我国农村残疾人社会融合存在的主要问题是受教育程度低、沟通交流对象少、增收渠道单一、生活水平低下、政府和社会各界对农村残疾人的社会支持有限等，农村残疾人社会融合任重而道远[2]。

贫困者作为社会弱势群体，通常是风险的主要承受者和最大受损者，而风险会加速拉大人们社会地位的差距，带来社会更深程度的不平等，破坏社会融合[3]。农村"低保"对象作为贫困群体的代表，他们经济收入微薄，是村落社区中的底层群体，部分生活消费被排斥在普通的消费空间之外；其关系网络规模狭小，构成单一；与村民的心理距离大，疏离感强烈。这又会导致农村"低保"对象的持续贫困[4]。提高贫困者社会融入水平，有利于其脱离贫困，而同样的，提高其收入水平有利于提高社会融合程度。

二　残疾人贫困的实证分析

要分析残疾人家庭贫困的影响因素，首先要对贫困进行测量。一般情况下用收入来衡量贫困，比如国家在计算农村贫困人口时以人均年收入 2300 元为标准，低于这个收入会被认定为贫困。不过由于在农村调查具体收入存在较大困难，即使能够进行调查，收集的数据也存在较大误差，因而通常采用替代性指标，如住房状况或电费消费状况。住房是居民的第一需求。农民富裕以后，最先想到的是改善居住条件，而农村居民住房条件主要受农民纯

---

① 王鑫：《残疾人社会融合：现状及分析》，山东大学博士学位论文，2011。
② 罗泮、赵康、刘林、阿加阿呷：《农村残疾人社会融合现状调查及思考——以四川省越西县为例》，《农村经济》2008 年第 12 期。
③ 石奎：《贫困阶层能力提升的社会政策分析》，《河南社会科学》2010 年第4 期。
④ 方菲：《社会排斥视野下农村低保对象的生活图景探究——基于湖北省 X 村和 T 村的调查》，《中国农村观察》2012 年第 2 期。

收入影响[①]。收入越多，住房建设支出越多，住房设施越好[②]。电费支出也是衡量家庭收入和生活水平的重要指标。家庭收入高，则有能力购买电视机、洗衣机、电风扇、电冰箱等家用电器；家用电器多，则电费支出高。研究表明，人均电力消费与人均收入线性相关关系非常显著[③]。

可见，住房和电费支出这两项是反映家庭收入和生活水平的重要指标。此次在连片特困地区进行的农村残疾人经济状况的调查，对住房类型、住房结构和住房数量进行了比较详细的调查。考虑到地区差异和可操作性，我们在住房上选用住房结构和住房数量指标。由于贫困是享受"低保"的条件，因此残疾人家庭是否有"低保"也可以作为衡量贫困的指标。因此，我们最终选用是否享受"低保"、住房情况和月人均电费支出三个指标判别贫困。如果家中有人享受"低保"，则认定为贫困；如果住房结构为土坯房，则认定为贫困，如果住房结构不是土坯房，但是人均住房数量低于 1 间，也认定为贫困；如果月人均电费支出小于 15 元，则认定为贫困。将三个指标有任一指标贫困即认定为贫困视为"贫困标准一"；将"低保"认定为贫困的先决条件，享受"低保"为贫困，如果家中没有人享受"低保"，但其他两个指标都贫困也认定为贫困的标准视为"贫困标准二"。

在进行影响因素分析时，残疾人人力资本水平主要从受教育年限和身体素质两个方面来看，而身体素质通过残疾人有无劳动能力来体现；对于残疾人家庭劳动要素、劳动力数量通过家庭劳动力人数、在家务工人数和外出务工人数体现，劳动力质量通过"是否参加实用技术培训"来体现；对于资本因素通过"是否申请

---

① 王瑛、王静爱、杨春燕、孙吉祥：《中国农村居民住房现状分析》，《经济地理》2006 年第 26 期。
② 易成栋：《中国农村家庭住房状况的地区差异》，《资源与人居环境》2006 年第 10 期。
③ 王效华、郝先荣、金玲：《中国农村家庭能源消费研究——消费水平与影响因素》，《农业工程学报》2001 年第 5 期。

小额信贷"来体现；社会支持通过社会融入程度指标来体现。

（一）残疾因素对残疾人家庭贫困的影响

在进行残疾人贫困的影响因素分析时，首先要验证残疾对其贫困的影响。这里主要通过残疾类型和残疾等级两个指标进行验证。在控制年龄、性别和地区因素后，对两种贫困标准下的残疾人家庭贫困进行 logistic 回归分析。如果按照是否享受"低保"、住房情况和月人均电费支出中有任一个指标贫困，就认定为贫困的话，其 logistic 回归分析结果如表 4 - 1 所示。

表 4 - 1　　"贫困标准一"下的 logistic 回归分析结果

Variables in the Equation							
		B	S. E.	Wald	df	Sig.	Exp（B）
Step 1[a]	年龄	.000	.001	.414	1	.520	.999
	性别	-.056	.166	.114	1	.736	.946
	地区 - 台江	-.442	.282	2.467	1	.116	.643
	地区 - 洞口	-1.182	.243	23.753	1	.000	.307
	地区 - 新蔡	-.707	.269	6.906	1	.009	.493
	地区 - 米脂	.204	.320	.404	1	.525	1.226
	残疾类型 - 视力	.062	.328	.036	1	.849	1.064
	残疾类型 - 听力	.286	.391	.537	1	.464	1.332
	残疾类型 - 言语	1.056	.633	2.782	1	.095	2.876
	残疾类型 - 肢体	.402	.245	2.679	1	.102	1.494
	残疾类型 - 智力	.068	.357	.036	1	.849	1.070
	残疾类型 - 精神	.295	.403	.536	1	.464	1.344
	残疾等级	-.260	.073	12.586	1	.000	.771
	Constant	3.277	.396	68.594	1	.000	26.507

注：Sig < .005 为显著相关。

如果将"低保"认定为贫困的先决条件，那么，享受"低保"即为贫困；如果家中没有人享受"低保"，但其他两个指标都贫困也认定为贫困，进行 logistic 回归分析，分析结果如表 4 - 2 所示。

表 4 - 2　"贫困标准二"下的 logistic 回归分析结果

		B	S. E.	Wald	df	Sig.	Exp（B）
		Variables in the Equation					
Step 1	年龄	.000	.001	.032	1	.858	1.000
	性别	.212	.106	4.029	1	.045	1.236
	地区 - 台江	.380	.183	4.310	1	.038	1.463
	地区 - 洞口	- .738	.151	23.946	1	.000	.478
	地区 - 新蔡	- .789	.153	26.466	1	.000	.454
	地区 - 米脂	.670	.183	13.360	1	.000	1.954
	残疾类型 - 视力	- .205	.233	.774	1	.379	.814
	残疾类型 - 听力	- .263	.261	1.012	1	.314	.769
	残疾类型 - 言语	.094	.320	.085	1	.770	1.098
	残疾类型 - 肢体	- .002	.181	.000	1	.991	.998
	残疾类型 - 智力	.135	.263	.265	1	.607	1.145
	残疾类型 - 精神	- .037	.271	.018	1	.892	.964
	残疾等级	- .192	.050	14.485	1	.000	.825
	Constant	1.530	.260	34.665	1	.000	4.616

注：Sig < .005 为显著相关。

从以上结果可以看出，无论是"贫困标准一"还是"贫困标准二"，在控制年龄、性别、地区变量后，残疾类型对于残疾人家庭是否贫困没有显著影响，而残疾等级对残疾人家庭是否贫困有显著影响。

（二）非残疾因素对残疾人家庭贫困的影响

验证过残疾因素，包括残疾类型和残疾等级对残疾人家庭贫困的影响后，下面对非残疾因素的影响进行分析，包括残疾人受教育年限、有无劳动能力、残疾人家庭劳动力人数、在家务工人数、外出务工人数、是否参加实用技术培训、是否申请小额信贷、社会融入程度，将这些因素全部放入 logistic 回归方程进行分析。两种贫困标准下的回归分析结果显示模型整体均具有显著性。如果按照是否享受"低保"、住房情况和月人均电费支出中有任一个指标贫困，就认定为贫困的话，其 logistic 回归分析结果如表4－3所示。

表4－3　　"贫困标准一"下的 logistic 回归分析结果

Variables in the Equation

		B	S. E.	Wald	df	Sig.	Exp（B）
Step 1	年龄	－.002	.001	1.358	1	.244	.998
	性别	.011	.216	.003	1	.958	1.012
	地区－台江	－.217	.364	.354	1	.552	.805
	地区－洞口	－.799	.301	7.031	1	.008	.450
	地区－新蔡	－.457	.332	1.902	1	.168	.633
	地区－米脂	1.210	.445	7.373	1	.007	3.352
	残疾类型－视力	.378	.444	.723	1	.395	1.459
	残疾类型－听力	1.140	.570	4.003	1	.045	3.126
	残疾类型－言语	.481	.691	.483	1	.487	1.617
	残疾类型－肢体	.657	.344	3.656	1	.056	1.929
	残疾类型－智力	－.364	.453	.646	1	.422	.695
	残疾类型－精神	.359	.547	.430	1	.512	1.431
	残疾等级	－.146	.095	2.363	1	.124	.864
	受教育年限	－.089	.031	8.223	1	.004	.915
	残疾人有无劳动能力	－.659	.223	8.770	1	.003	.517
	劳动力人数	.583	.199	8.610	1	.003	1.791
	在家务工人数	－.379	.195	3.777	1	.052	.684
	外出务工人数	－.410	.209	3.854	1	.050	.663
	实用技术培训	.129	.273	.222	1	.637	1.137
	小额信贷	－.155	.315	.242	1	.622	.856
	社会融入程度	.468	.222	4.458	1	.035	1.596
	Constant	1.820	.755	5.809	1	.016	6.171

注：Sig＜.005 为显著相关。

如果将享受"低保"认定为贫困的先决条件，那么，享受"低保"即为贫困；如果家中没有人享受"低保"，但其他两个指标都贫困也认定为贫困，进行 logistic 回归分析，分析结果如表4-4所示。

表4-4　"贫困标准二"下的 logistic 回归分析结果

		B	S. E.	Wald	df	Sig.	Exp（B）
		Variables in the Equation					
Step 1	年龄	.000	.001	.573	1	.449	.999
	性别	.333	.137	5.935	1	.015	1.395
	地区 - 台江	.450	.246	3.354	1	.067	1.568
	地区 - 洞口	-.614	.199	9.510	1	.002	.541
	地区 - 新蔡	-.815	.198	16.932	1	.000	.443
	地区 - 米脂	.983	.238	17.090	1	.000	2.671
	残疾类型 - 视力	-.207	.320	.418	1	.518	.813
	残疾类型 - 听力	-.131	.353	.137	1	.711	.877
	残疾类型 - 言语	-.149	.442	.115	1	.735	.861
	残疾类型 - 肢体	-.029	.257	.012	1	.911	.972
	残疾类型 - 智力	-.303	.349	.751	1	.386	.739
	残疾类型 - 精神	-.218	.367	.355	1	.552	.804
	残疾等级	-.142	.065	4.814	1	.028	.867
	受教育年限	-.078	.020	14.449	1	.000	.925
	残疾人有无劳动能力	-.498	.147	11.562	1	.001	.608
	劳动力人数	.380	.132	8.242	1	.004	1.462
	在家务工人数	-.278	.133	4.346	1	.037	.757
	外出务工人数	-.301	.139	4.676	1	.031	.740
	实用技术培训	-.252	.170	2.198	1	.138	.777
	申请小额信贷	-.122	.225	.293	1	.588	.886
	社会融入程度	.237	.138	2.950	1	.086	1.267
	Constant	1.213	.498	5.920	1	.015	3.362

注：Sig＜.005 为显著相关。

从以上分析中可以发现：在控制了残疾人年龄、性别、地区、残疾类型及残疾等级因素后，残疾人受教育年限、残疾人有无劳动能力、残疾人家庭劳动力数量对残疾贫困的概率均具有显著影响。残疾人家庭是否参加实用技术培训及是否申请小额信贷在两种贫困判定标准中均没有显现出对其家庭贫困的显著影响。

1. 残疾人人力资本水平的影响

从上面的结果可以看出，残疾人有无劳动能力和其受教育年限均对残疾人家庭贫困的概率有显著影响。即残疾人有劳动能力，受教育年限越长，可行能力越强，残疾人家庭贫困的概率越低，反之残疾人家庭贫困的概率越高。根据调研数据，连片特困地区残疾人的受教育水平很低。贵州台江、湖南洞口、河南新蔡、陕西米脂、四川平昌这五个地区，残疾人受教育年限在六年及以下的比重分别为 82.7%、65.3%、79.2%、72.1%、80.7%，贵州台江县没有接受过教育的残疾人比重高达 52.8%，接受过高等教育的五个县的残疾人比重分别为 0.3%、0.0%、0.5%、0.6%、1.0%。另外，残疾人由于自身的缺陷，在听力、语言、肢体行动、智力等方面存在缺陷，身体素质较差。调查中有劳动能力，从事劳动的残疾人仅占 34.5%，没有劳动能力的残疾人占 65.5%。残疾人受教育水平低，劳动能力受损，在这些因素的综合影响下，残疾人的可行能力低，使他们身陷贫困，脱离贫困的能力差。进一步的，贫困也会使残疾人接受教育水平降低，加重残疾程度，身体素质难以提高。要走出这个循环，需要提高残疾人的受教育水平，通过治疗和康复等方式提高其自理能力和劳动能力。此外，我们将性别与受教育年限进行交叉列联分析（见表 4-5）。分性别来看，女性没有接受过教育的有 258 人，占 38.5%，高于男性没有接受过教育的比例，在其他受教育阶段，女性的比例均低于男性。因此，在教育扶贫中，应当考虑性别差异。

表 4 - 5　性别与受教育程度交叉分析

			受教育程度				
			0 年	1—6 年	8—9 年	10—12 年	13 年及以上	合计
性别	男	行百分比（%）	22.5	49.6	23.7	3.7	0.4	100
		列百分比（%）	50.5	66.6	72.7	76.8	55.6	63.5
	女	行百分比（%）	38.5	43.4	15.5	1.9	0.6	100
		列百分比（%）	49.5	33.4	27.3	23.2	44.4	36.5
	合计	行百分比（%）	28.4	47.4	20.7	3.0	0.5	100
		列百分比（%）	100.0	100.0	100.0	100.0	100.0	100.0

2. 残疾人家庭劳动要素的影响

从上面的分析可以发现，残疾人家庭劳动力数量对其家庭贫困发生的概率具有显著影响。残疾人家庭由于残疾人自理能力和劳动能力的部分或全部丧失，会使残疾人家庭的劳动要素受到影响。一方面，残疾人本身会减少残疾人家庭的劳动力数量，另一方面，残疾人需要其他家庭成员的照料及护理，影响其他成员的劳动投入。在访谈中我们发现，有的家庭由于残疾人无自理能力，需要至少两个人对其进行照料，一方面导致其他家庭成员无法外出打工增加收入；另一方面在耕地面积有限的情况下，在家提供照料的劳动力没有或较少投入到生产中反而加重了贫困的状况。另外，实用技术培训对于帮助残疾人家庭脱离贫困的作用还没有显现出来。

3. 残疾人家庭资本要素的影响

从回归分析结果来看，是否申请小额信贷对残疾人家庭贫困发生概率的影响不显著。但是五个地区残疾人家庭资本要素缺乏是事实。我们对贵州台江等五个地区的调查发现，残疾人的主要经济来源是家人供养的占最大比重，均超过了 50%，其次为本人劳动收入，再次为政府社会救助，救助只能维持最基本的生活。而家庭主要经济来源为种养殖收入，有劳动能力的残疾人从事的劳动也主要是种养殖。从家庭拥有的耕地、林地面积及鸡鸭鹅牛羊等家禽、家畜情况来看，残疾人家庭耕地面积少，家禽、家畜饲养数量少；而且家庭主要支出集中在食品支出和医疗支出上，用于发展生产的资本不足。为促进贫困家庭的发展，解决资本不足的问题，我国对一些符合条件的贫困家庭提供小额信贷，为其提供资本支持。然而，从五地的调查情况来看，残疾人对小额信贷不了解，而且申请小额信贷的比重比较低。贵州台江县是这五个地区里面申请小额信贷最多的，以它为例。贵州台江县被调查的残疾人中了解小额信贷的比重为 23.5%，申请小额信贷的比重为 24.1%，其中得到批准的有 71 人，占 91%。其中 90% 多的人用来购置农具。认为小额信贷作用很大和作用比较大的共占 63.1%，认为作用一般的占 29.2%。对于是否准备（再）申请小额信贷，在 164 个回答本问题的人中仅有 33 人，即 20.1% 的人选择了"是"。可见残疾人有用小额信贷资金发展生产的意识，大部分人也认同小额信贷的作用，然而只有少部分人申请或准备申请小额信贷。而且"缺乏资金"和"提供资金支持"是贵州残疾人家庭生产上面临的最主要困难和最期望得到的帮助。但是，残疾人专项扶贫资金主要依靠康复扶贫贷款，在扶贫资金总量中所占比例很小，国家为促进贫困地区发展而投入的扶贫资金很少能落实到贫困残疾人家庭中。因此小额信贷在残疾人家庭脱贫中的作用还没有完全发挥出来。

4. 残疾人家庭社会融入程度的影响

残疾人家庭社会融入程度对其家庭贫困发生概率具有显著影响，即残疾人家庭社会融入程度越高，交往程度越高，社会支持越好，贫困发生概率越小。前面的数据显示，残疾人家庭与其他村民的交往情况一般，交往频繁的很少，社会融入程度比较低。残疾人家庭一般思想保守、安贫守穷、缺乏竞争意识和进取意识。由于特定的自然环境，再加上残疾人大多自己行动不方便，缺少走出去的无障碍条件，所以与外界的交流比较少，比较封闭，缺乏流动性，对新鲜事物的接受能力比较低；另一方面残疾人面对自己的现状不思改变，被动接受，比较容易安于现状，脱贫动力有待加强。在访谈中，有残疾人表示目前的生活比起以前好多了，对以后的生活没有什么要求。还有一些受访者表示目前生活困难，希望政府能提供资金援助，不需要其他方面的援助，只要给钱就行。在残疾人脱贫中，需要增加对残疾人家庭的社会支持。

三　结论与思考

在不同的贫困衡量标准下，进行 logistic 回归分析所得的影响因素的显著性水平稍有不同。但总体而言，导致残疾人及其家庭的贫困主要有以下几个因素。

（一）人力资本开发不足

残疾人人力资本开发不足是残疾人及其家庭贫困的重要致因，而且两者易形成恶性循环。要重视开发残疾人人力资本，加强医疗康复，提高其受教育水平和生产技能，增强其脱贫能力。由前面的分析可知，残疾人的劳动能力及受教育水平对其家庭贫困的发生概率具有显著影响。提高残疾人的劳动能力和受教育水平有助于提高其脱贫能力，降低残疾人家庭发生贫困的概率。对此，一方面要加强医疗康复和残疾预防，包括实施康复项目，对残疾儿童实施抢救性治疗与康复等，提高残疾人的自理能力和劳动能力；另一方面，要通过普通教育与特殊教育相结合，学校教育与实用技术培训相结合的方式提高残疾人的受教育水平和技术水平，增强其摆脱困难的能力。在提升残疾人受教育水平中需关注女性残疾人受教育情况。在实用技术培训方面，可以结合当地的产业特点，考虑残疾人自身的身体条件、知识和技能结构，注重理论知识与实际操作的有效衔接，如依托当地的残疾人扶贫基地，使贫困残疾人获得实用技术和经营本领，提高参加生产劳动的能力和经营管理技能。为保障培训效果，要对培训后的就业和生产劳动状况进行动态跟踪管理，确保残疾人实用技术培训的有效性。

此外，对于人的一生来说，儿童时期是积累人力资本的重要年龄阶段，他们能否获得健康的体质、学到有用的知识，对于他们将来在成人阶段的生存状态起到了决定性的作用①。因此要实行上游干预政策，保障儿童时期人力资本的积累。

（二）劳动力缺乏

从回归分析部分可以看出，残疾人家庭劳动力数量对残疾人家庭贫困影响显著。残疾人家庭的劳动力状况制约了残疾人家庭脱贫。残疾会导致残疾人本人劳动能力在一定程度上的缺失。此外，一些重度残疾人需要专人照料与护理，会分散家中劳动力的精力，进一步对家庭劳动力情况造成冲击。再加上残疾人家庭受教育水平和知识技能偏低，脱贫能力不强。对此，除了提高残疾人自身的人力资本水平外，政府可以提供并完善托养服务，重视对残疾人家庭成员的培训工作，从而解放此类残疾人家庭中被束缚的劳动力，提升其脱贫能力。还可以通过建立社会互助制度，解决残疾人家庭劳动力短缺问题。《农村残疾人扶贫开发纲要（2011—2020年)》要求"动员社会各界参与残疾人扶贫"。但是从发展现状看，多数社会扶贫往往采取一阵风的方式，给钱给物后就不再过问，根本没有建立帮扶的长效机制。对此，建议：（1）充分发挥基层组织力量，开展邻里互助。在村委会的统一安排下，组织村里党员干部及邻居等开展志愿互助活动，帮助村里最困难的残疾人家庭。（2）开展"一帮一"结对子活动。在乡党委的领导和组织下，以村为单位，动员和组织年轻力壮的党员干部与困难残疾人家庭结成对子，在农忙季节帮助残疾人家庭开展生产活动。（3）在乡党委和团委的领导与组织下，在全乡范围内组建志愿者服务队伍，为劳动力短缺的残疾人家庭开

---

① 史为磊：《也谈中国农村扶贫开发的策略选择》，《内蒙古农业大学学报》（社会科学版）2012年第4期。

展定期或不定期的志愿服务。

（三）资金缺乏

　　残疾人家庭小额信贷申请率低，获得资金支持率低，家庭经济来源传统、单一，缺乏资金，发展生产能力弱，制约了其摆脱贫困。对此，应加大国家扶贫、小额信贷等政策的宣传程度，提高其覆盖面，使更多的残疾人了解国家对残疾人的扶持政策，推进信贷资金贴息到户改革，进一步满足贫困残疾人发展生产项目的资金需求。金融部门应该根据残疾人特点设计贷款产品，开拓有针对性的金融服务；提高贴息比率，积极探索试行残疾人信贷风险担保制度，化解金融风险，让更多的贫困残疾人获得信贷资金的支持，比如引导兴办残疾人扶贫基地，在调查中，被纳入残疾人扶贫基地的残疾人家庭中40.3%得到的是资金方面的帮助；也可以向贫困残疾人提供政府贴息的专项优惠利率的小额信贷，支持农村残疾人脱贫致富。

（四）社会融入水平低

　　残疾人及其家庭与村民有一定程度的交往，但是交往情况一般。而残疾人及其家庭的社会融入程度是影响其生活水平的重要因素。出行难和交往困难制约了残疾人的社会参与。应当通过无障碍设施建设和倡导尊重残疾人理念等方式为提高残疾人社会参与创造条件，使残疾人有条件走出家门，提高社会融入水平。另一方面，要倡导社会互助理念，形成邻里、社会成员、志愿团体等帮助残疾人家庭的良好氛围；同时重视宣传和表彰自立自强、率先脱贫致富的残疾人，发挥其典型示范作用，增强残疾人家庭摆脱贫困的信心和主动融入社会的意愿。

参考文献

[1]　Daniel C. Lustig, David R. Strauser. "Causal relationships between poverty

and disability rehabilitation", *Counseling Bulletin* 50 (4), 2007.

[2] Myrdal G. *Economic Theory and Under-developed Regions*, Duck worth, 1957.

[3] Oscar Lewis. *Five Families*:*Mexican Case Studies in the Culture of Poverty*, Basic Book, 1975.

[4] 阿玛蒂亚·森:《贫困与饥荒》,商务印书馆,2001。

[5] 白菊红、袁飞:《农民收入水平与农村人力资本关系分析》,《农业技术经济》2003 年第 1 期。

[6] 陈成文、孙嘉悦:《社会融入:一个概念的社会学意义》,《湖南师范大学社会科学学报》2012 年第 6 期。

[7] 陈全功、程蹊:《长期贫困为什么难以消除——来自扶贫重点县教育发展的证据》,《西北人口》2006 年第 3 期。

[8] 方菲:《社会排斥视野下农村低保对象的生活图景探究——基于湖北省 X村和 T 村的调查》,《中国农村观察》2012 年第 2 期。

[9] 高玉喜:《中国贫困地区人力资本投资与经济增长》,《管理世界》1996年第 5 期。

[10] 何汇江:《城市贫困人口的群体认同与社会融合》,《中州学刊》2003年第 3 期。

[11] 黄匡时:《社会融合理论研究综述》,《新视野》2010 年第 6 期。

[12] 刘家强、王春蕊:《NGO 小额信贷对农村计生贫困家庭经济救助效果的实证研究》,《人口研究》2009 年第 4 期。

[13] 刘生龙、李军:《健康、劳动参与及中国农村老年贫困》,《中国农村经济》2012 年第 1 期。

[14] 罗泮、赵康、刘林、阿加阿呷:《农村残疾人社会融合现状调查及思考——以四川省越西县为例》,《农村经济》2008 年第 12 期。

[15] 马九杰、曾雅婷、吴本健:《贫困地区农户家庭劳动力禀赋与生产经营决策》,《中国人口资源与环境》2013 年第 5 期。

[16] 马宇、许晓阳、于凤芹:《小额信贷对农户收入影响的实证分析——基于安徽亳州农村信用社的调查》,《金融理论与实践》2008 年第 8 期。

[17] 秦庆武、刘庆娜:《农村信用社小额信贷与降低贫困的实证分析》,《东岳论丛》2009 年第 2 期。

[18] 石俊志:《小额信贷发展模式的国际比较及其对我国的启示》,《国际金融研究》2007 年第 10 期。

[19] 石奎：《贫困阶层能力提升的社会政策分析》，《河南社会科学》2010年第4期。

[20] 史为磊：《也谈中国农村扶贫开发的策略选择》，《内蒙古农业大学学报》（社会科学版）2012年第4期。

[21] 王建国：《外出从业、农村不平等与贫困》，《财经科学》2013年第3期。

[22] 王效华、郝先荣、金玲：《中国农村家庭能源消费研究——消费水平与影响因素》，《农业工程学报》2001年第5期。

[23] 王鑫：《残疾人社会融合：现状及分析》，山东大学博士学位论文，2011。

[24] 王瑛、王静爱、杨春燕、孙吉祥：《中国农村居民住房现状分析》，《经济地理》2006年第26期。

[25] 吴睿、王德祥：《教育与农村扶贫效率关系的实证研究》，《中国人力资源开发》2010年第4期。

[26] 西奥多·W. 舒尔茨：《论人力资本投资》，北京经济学院出版社，1990。

[27] 易成栋：《中国农村家庭住房状况的地区差异》，《资源与人居环境》2006年第10期。

[28] 岳希明：《农村劳动力外出打工与缓解贫困》，《世界经济》2010年第11期。

[29] 张立军、湛泳：《金融发展与降低贫困——基于中国1994—2004年小额信贷的分析》，《当代经济科学》2006年第6期。

[30] 张秀兰：《中国农村贫困状况与最低生活保障制度的建立》，《上海行政学院学报》2007年第3期。

第五章
连片特困地区残疾人
人力资本研究

一 前言

20 世纪 60 年代，美国经济学家舒尔茨（Thodore W. Schults）和贝克尔（Gary S. Becker）创立人力资本理论，开辟了关于人类生产能力的崭新思路。舒尔茨认为，人力资本是体现在劳动者身上的一种资本类型，是劳动者的知识程度、技术水平、工作能力以及健康状况等方面的价值总和[①]。贝克尔则认为，人力资本不仅意味着才干、知识和技能，还意味着时间、健康和寿命[②]。两位经济学家的开创性研究使人力资本理论研究成为经济学的一个热点研究问题。宇泽弘文（Hirofumi Uzawa）提出了以人力资本为核心的内生经济增长模型[③]，罗默（Paul M. Romer）在宇泽的基础上提出了知识的外部效应理论，即知识不仅使自身收益递增，而且使物质资本和劳动等其他投入要素的收益递增，这两方面的收益递增促使经济长期增长[④]。明塞尔（Jacob Mincer）则研究了在职培

---

① 舒尔茨：《人力资本投资：教育和研究的作用》，商务印书馆，1990。
② 贝克尔：《人力资本：特别是关于教育的理论与经验分析》，北京大学出版社，1987。
③ Cannan E. *Elementary Political Economy*, H. Frowde, 1888.
④ Booth A., Snower D. "The Low-Skill, Bad-Job Trap", *Acquiring Skills*, 1996.

训对人力资本形成的影响[1]。丹尼森（Edward Fulton Denison）研究了教育对经济增长的贡献，修正了舒尔茨关于教育对美国经济增长影响的研究结论[2]。

受教育程度是人力资本的重要组成部分，教育与收入之间的关系也成为经济学家研究的重点。舒尔茨认为，知识、能力和健康等人力资本增长对经济增长的贡献比物质资本和劳动力数量的增加要大得多。通过教育可以提高人的知识和技能，提高生产的能力，从而增加个人收入，使个人工资和薪金结构发生变化。舒尔茨认为个人收入的增长和收入差别缩小的根本原因是人们受教育水平普遍提高，这是人力资本投资的结果。贝克尔认为，人力资本投资是通过增加人力资本而影响未来的货币和物资收入的活动，也就是说，人力资本投资要同时考虑当前和未来的经济收益。舒尔茨和贝克尔理论的核心思想是，人力资本与实物资本是同样重要的生产要素，劳动生产率提高的根本原因在于人力资本的提升，人力资本的投资也是经济增长的主要原因。研究者对发展中国家的研究表明，工人每多增加一年正规教育，其工资增加超过7%，拥有 10 年教育经历的劳动力比未受教育的劳动力的工资高出1/3[3]。舒尔茨认为，1929—1956 年，美国国民收入增长的 21%—40% 应归功于为增加人力资本存量而进行的教育投资[4]。1961—1971 年这 10 年间，教育进步使日本人均国民生产总值增长率每年提高 0.35%[5]。从不同水平的教育来看，高等教育增加工资的额度最大，其次是中等教育，再次是基础教育，最后是技术培训。印

---

[1] Chiswick, Barry R. "Jacob Mincer, experience and the distribution of earnings", *Review of Economics of the Household*, 2003.

[2] Denison, Edward F. "Accounting for United States economic growth, 1929 – 1969", Brookings Institution, 1974.

[3] Mughal, W. H. "Human capital investment and poverty reduction strategy in Pakistan", *Labour and Management in Development*, 2007.

[4] 舒尔茨：《论人力资本投资》，北京经济学院出版社，1990。

[5] 赵秋成：《我国中西部地区人口素质与人力资本投资》，《管理世界》2000 年第1 期。

度学者通过对印度的研究发现，初等教育和文盲率水平与贫困率正相关，但中高等教育与贫困率负相关[1]；其他学者的研究发现，所有收入群体的家庭都能从正规教育中获益，其中最贫困群体获益最大[2]。研究表明，在所有投资中，教育减少贫困的回报率排名第一，远大于农田水利投资[3]。国内多数学者的研究也证明了这种结论[4]。当然，也有学者持不同观点，如有学者的研究表明，受教育年限长可能会恶化农村居民贫困状态，教育质量和数量对缓解农村贫困分别存在不确定性和恶化作用[5]。

对残疾人贫困的研究表明，受教育程度越低，越可能导致贫困的发生[6]，实证研究表明，小学以上大专以下（不包括小学和大专）文化程度的残疾人比受过大专教育的残疾人陷入低收入贫困的概率高 21.3%，陷入绝对贫困的概率高 7.6%，并且都在 1% 的水平上显著[7]。因此，通过加大教育力度缓解残疾人贫困成为学界共识。

---

[1] Tilak J. B. G. "Post-Elementary education, poverty and development in India", *International Journal of Educational Development*, 2007.

[2] Gounder R., Xing Z. "Impact of education and health on poverty reduction: Monetary and non-monetary evidence from Fiji", *Economic Modelling*, 2012. Kurosaki, Takashi. "Effects of education on farm and non-farm productivity in rural Pakistan", FASID/GRIPS Discussion Paper on Economic Development, 2011.

[3] 秦均平等：《走出贫困——西海固反贫困农业建设研究》，宁夏人民出版社，1996。

[4] 王云多：《教育对消除贫困的作用》，《湖北大学学报》（哲学社会科学版）2013 年第 1 期；申晓梅：《论教育与贫困的负相关性》，《社会科学研究》2002 年第 4 期；刘修岩、章元、贺小海：《教育与消除农村贫困：基于上海市农户调查数据的实证研究》，《中国农村经济》2007 年第 1 期；杨俊、黄潇：《基于教育差距引致农村贫困的背景观察》，《改革》2010 年第 3 期；王春萍、杨蜀康：《可行能力视角下教育与贫困关系的实证研究》，《山西财经大学学报》2007 年第 11 期。

[5] 毛伟、李超、居占杰：《教育能缓解农村贫困吗？——基于半参数广义可加模型的实证研究》，《云南财经大学学报》2014 年第 1 期。

[6] 万海远、李超、倪鹏飞：《贫困残疾人的识别及扶贫政策评价》，《中国人口科学》2011 年第 4 期；杜鹏：《中国农村残疾人及其社会保障研究》，华夏出版社，2008。

[7] 万海远、李超、倪鹏飞：《贫困残疾人的识别及扶贫政策评价》，《中国人口科学》2011 年第 4 期。

集中连片特困地区不仅是贫困人口集中的地区，也是贫困残疾人口集中的地区。研究该类区域内残疾人人力资本与贫困之间的关系，有利于挖掘残疾人在人力资本方面的潜能，从而在扶贫时实施有针对性的政策，从根本上解决残疾人贫困问题，提高反贫困效率。

二 连片特困地区残疾人人力资本基本状况

（一）残疾类型和残疾等级

在残疾人特征方面，本次调查涵盖了各残疾类别和残疾等级的残疾人。从残疾类别来看，各类残疾人所占比重分别为视力残疾 10.68%，听力残疾 7.53%，言语残疾 5.37%，肢体残疾 58.05%，智力残疾 7.09%，精神残疾 6.09%，多重残疾 5.16%，肢体残疾者占残疾人总体的一半以上。从残疾等级来看，一级残疾占 15.9%，二级残疾占 33.5%，三级残疾占 30.8%，四级残疾占 14.3%，未分级或不知道的占 5.5%，残疾人残疾等级大多为二、三级（见表 5 - 1 和表 5 - 2）。从家庭残疾人数量来看，92% 的家庭中有 1 位残疾人。"一户多残"的比重为 8%，其中家中有 2 个残疾人的占总样本的 7.4%，3 个的占 0.4%，4 个的占 0.2%。五个地区残疾人的平均数量为 1.09。台江县一户多残比例最高，为 14.4%，平昌县最低，为 2.7%。洞口县、新蔡县和米脂县一户多残的比例分别是 10.4%、8.4% 和 5.1%。

表 5 - 1 样本的残疾类型分布

残疾类型	肢体残疾	智力残疾	精神残疾	视力残疾	听力残疾	言语残疾	多重残疾	合计
频数（个）	1285	157	135	236	167	119	114	2213
百分比（%）	58.05	7.09	6.09	10.68	7.53	5.37	5.16	100

表 5 − 2　样本的残疾等级分布

残疾等级	一级	二级	三级	四级	未分级或不知道	合计
频数（个）	343	726	667	310	118	2164
百分比（%）	15.9	33.5	30.8	14.3	5.5	100

（二）残疾人受教育年限

被调查者中没有接受过教育的占 28.4%，受教育年限为 1—6 年的占 47.3%，7—9 年的占 20.7%，10—12 年的占 3.0%，13 年及以上的仅占比 0.5%。分年龄段来看，处于适龄入学阶段的青少年儿童中有 15 名没有进入学校接受教育，占该年龄段人数的 44.1%；处于劳动年龄段的残疾人中大多数受教育程度为小学，占 43.9%，其次是初中，占 28.4%，还有 23.4% 没有接受过教育，占所有没接受过教育总人数的 49.8%。不同年龄段残疾人受教育具体情况如表 5 − 3 所示。五个县未接受教育的残疾人比例如下：台江县，52.8%；新蔡县，31.1%；平昌县，21.1%；洞口县，20.2%；米脂县，19.8%。受教育程度和身体残疾状况是衡量残疾人人力资本质量的两个维度，其中，残疾人残疾等级会对其受教育程度产生影响，对样本县残疾人残疾等级和受教育年限做线性回归分析，结果表明，残疾等级对受教育年限确实存在着显著的影响。两者之间的负相关关系表现为，当残疾人的残疾等级越高时，其受教育年限越低；当残疾人的残疾等级越低时，其受教育年限越高。分别对五个样本县的受教育状况进行分析可知，各地残疾人受教育年限存在差别。平昌县被调查残疾人受教育年限主要为 0 年、2—6 年以及 9 年；米脂县被调查残疾人受教育年限主要为 0 年、6 年和 9 年，以 6 年的人数最多；新蔡县被调查残疾人受教育年限主要为 0 年和 5 年，且未接受教育的人数远超过受教育 5 年的人数；洞口县被调查残疾人受教育年限主要为 0 年、5 年、6 年和 9 年，其中受教育年限在 0 年和 9 年的人数很接近；台江县被调查残疾人的受教育年限主要为 0 年，并且超过了被调查者的一半。此外，对五个样本县被调查残疾人受教育状况进行性别分析，可以发现在五个样本县中，均呈现男性受教育水平高于女性的特征。

表 5 - 3　分年龄段受教育程度

单位：人

年龄段	0 年	1—6 年	7—9 年	10—12 年	13 年及以上	合计
6—14 岁	15	18	1	0	0	34
15—59 岁	258	484	313	41	7	1103
60 岁及以上	244	365	64	15	1	689
合计	517	867	378	56	8	1826

　　五县被调查对象的受教育水平总体上较低，受教育年限的均值为 4.28 年，即小学未毕业水平。在五县中，洞口县被调查对象的受教育水平最高，为 5.59 年；台江县最低，为 2.71 年。均值检验表明，五县在被调查对象的受教育水平上有显著差异（见表 5 - 4）。从标准差看，洞口县的数值最大，与其他四县的差距比较大，这表明洞口县残疾人受教育年限的差距较大。其他四个县的标准差基本接近。

表 5 - 4　残疾人受教育年限比较

	平均数（年）	频数（个）	标准差
台江	2.71	389	3.508
洞口	5.59	446	7.347
新蔡	4.03	407	3.329
米脂	4.84	507	3.532
平昌	3.88	397	3.184
总体	4.28	2146	4.610

　　将全部个案按"调查县"分层，分别检验年龄组、性别、民族与受教育水平的关联，结果如下：对年龄组与受教育水平的定

序相关检验表明，总样本和各子样本都显示出二者之间的显著负相关（0—10 岁除外）；对性别与受教育水平的定类相关检验表明，二者在总样本和除洞口县外的其他子样本上都显示出显著负相关（0—10 岁除外），其中女性残疾人的受教育水平更低；民族因素在总样本中表现得比较显著，但在各子样本中不显著，或因缺乏少数民族个案而无法进行相关分析。

将全部个案按"调查县"分层，分别检验残疾类别、残疾原因、残疾持续年限与受教育水平的关联，结果如下：首先，在残疾类别与受教育水平之间的定类相关上，卡方检验表明，除新蔡县、米脂县外，总样本和其他 3 县子样本相关性都较显著。其中，"精神残疾"的众数是 6 年，为最高；从视力残疾到多重残疾的其他六种类型则都以 0 年为众数，其中，言语残疾、智力残疾中受教育为 0 年的比例超过 50%（分别为 54.3%、51.1%）。在残疾程度与受教育水平之间的定序相关上，数据支持总样本和大部分子样本关于"残疾越严重，受教育水平越低的判断"，不过在台江县和新蔡县中二者之间并无定序相关。其次，在残疾原因与受教育水平之间的定类相关上，分析表明，二者在总样本和各子样本中都显著相关。其中，总体中"先天残疾、因病致残、其他"在受教育水平上都以 0 年为众数；而"意外事故残疾"则有两个众数，6 年和 9 年。最后，在残疾持续年限与受教育水平之间的定比相关上，斯皮尔曼相关系数在各总样本和各子样本内都较显著（总体斯皮尔曼相关系数 = 0.198）。亦即，残疾持续年限越长，受教育水平越低。在家庭残疾人数量与受教育水平之间的定比相关上，斯皮尔曼相关系数在各总样本和台江县有较低水平的显著相关（总体斯皮尔曼相关系数 = - 0.071, sig. = 0.001），亦即，家庭残疾人数量越多，受教育水平越低。不过，其他四县子样本中相关性都不显著。

将人口相关变量和残疾相关变量引入到线性多元回归方程中，进行逐步回归分析。其中，民族、性别为二分虚拟变量，自理能力、残疾成因、残疾类别等转化为二分变量后引入，年龄、家中残疾人数量、残疾持续年限为连续变量。结果表明：在人口解释变量上，少数民族要比汉族少 2.049 年，女性要比男性少 0.629 年，并且，年龄大 1 岁，受教育水平下降 0.044年；回归过程显示，引入残疾相关解释变量后，对受教育水平的解释力有了较大增加。其中，在"自理能力"上，完全自理、部分自理相对于"不能自理"对受教育水平作用显著，分别为增加 1.628 年和 0.945 年；在"致残原因"上，"意外事故""因病致残"对受教育水平的抑制作用显著小于"其他"原因，分别提升受教育年限 2.314 年和 1.602 年；在"残疾类型"上，"言语残疾、智力残疾"较"多重残疾"更抑制教育水平的提升，分别要少 1.601 年、1.418 年；在"残疾等级"上，属于一级残疾者较"说不清楚或不知道"要低 0.813 年。上述十个变量调整后的 R^2 为 0.109，即能解释 10.9% 的误差（见表 5 - 5 和表5 - 6）。

表 5 - 5　残疾人受教育水平的多元回归

变量	回归系数	Sig.
（Constant）	2.581	.000
民族	2.049	.000
性别	.629	.003
年龄	-.044	.000
完全自理	1.628	.000
部分自理	.945	.001
意外事故	2.314	.000
言语残疾	-1.601	.004
智力残疾	-1.418	.001
一级	-.813	.008
因病致残	1.602	.000
调整后 R^2	0.109	

表 5 - 6　月人均用电量的多元回归分析

	B	Sig.
（Constant）	42.014	.000
年龄	-.237	.000
性别	3.764	.017
完全自理	9.657	.000
先天残疾	-5.738	.002
家中残疾人数量	5.277	.005
精神病残疾	-8.291	.012
视力残疾	-5.478	.036
调整后 R^2	0.035	

（三）实用技术培训

调查结果显示，残疾人家庭成员未参加培训的占比 77.3%，参加培训的有 495 户，占 22.7%。大部分参加培训的家庭未缴纳学费，占比 85.3%，剩下的 14.7% 缴纳了学费。从作用效果评价来看，认为作用很大的有 224 户，占 52.3%，作用一般的占 35.3%，作用很小的占 6.3%，说不清的占 6.1%。当被问到是否准备参加实用技术培训时，30.2% 的残疾人准备参加，69.8% 的残疾人不准备参加（具体情况见表 5 - 7）。

表 5 - 7　残疾人家庭参加农村实用技术培训情况

		否	是
是否参加实用技术培训	频数（个）	1863	495
	所占比重（%）	77.3	22.7
是否准备参加实用技术培训	频数（个）	687	297
	所占比重（%）	69.8	30.2

三　连片特困地区残疾人家庭贫困与人力资本的关系

（一）　操作化和数据选择

根据舒尔茨的定义，本书将残疾人人力资本简化为残疾人的教育、技能和身体素质的总称。上述三个方面操作化如下：（1）残疾人的教育用受教育年限这一指标表征，受教育年限越长，教育水平越高；（2）残疾人的身体素质用残疾等级这一指标表征，残疾等级越高，表明身体素质越差。

在"贫困"指标的合成上，本书在联合国开发计划署的多维贫困指数（UNDP – MPI）的维度与指标设定的基础上，借鉴Alkire 等（2011）构造的多维贫困测度方法，以及前人的研究成果，选取了教育、劳动能力、住房、资产、清洁饮用水、生活燃料和社会参与这 7 个维度，指标和剥夺临界值如表 5 – 8 所示。在权重的确定上，这里采用国际上常用的等权重方法，通过 7 个指标的加总，形成衡量残疾人家庭贫困程度的综合指标，见表 5 – 8。

表 5 – 8　多维贫困指标及临界值

指标	受剥夺阈值
教育	残疾人受教育程度为小学或以下，赋值为 1。
劳动能力	残疾人主要经济来源非"本人劳动收入"，赋值为 1。
住房	对目前所住房屋没有自有权，选择"租赁""借用""其他"，赋值为 1。
资产	家中没有汽车、拖拉机，并最多拥有自行车、摩托车、电动车中的一种，赋值为 1。
清洁饮用水	家庭饮用水源非"井水""自来水"，赋值为 1。（井水统一认为是超过 5 米的深井水）
生活燃料	以"柴草""秸秆"为生活燃料，赋值为 1。
社会参与	残疾人家庭与其他村民的交往程度为"很少"或"说不清"，赋值为 1。

人力资本概念主要是针对能够进入劳动力市场的适龄人群而言的。根据人的生命周期规律，青壮年时期的人群身体机能处在最优状态，因此是劳动力市场中的优势资本，也是一般意义上人力资本所对应的人群。在这里，我们以劳动力市场合法雇用的最小年龄和我国退休的最高年龄为边界，剔除 16 周岁以下、65 周岁以上的残疾样本，取中间年龄段样本作为本章的分析样本库。

（二）受教育程度与贫困之间的关系

从五个县的整体数据看，受教育年限与贫困程度存在较为明显的负相关关系，即受教育程度越低，贫困越严重。表 5 - 9 是五个县残疾人受教育年限与贫困之间的相关性分析，残疾人受教育程度与贫困状况在 0.01 的水平上显著负相关，表明残疾人受教育年限越长，贫困程度越低。表 5 - 10 是五个县受教育年限对贫困影响作用在性别上的差异性分析。在操作层面，将受教育年限作为自变量，贫困状况作为因变量，性别作为调节变量，构造回归模型。数据表明，模型 2 中性别的调节作用不显著，受教育年限对贫困的影响作用在男性和女性之间无明显差异。表 5 - 11 是为探索残疾人受教育年限是否在性别上存在差异性而进行的独立样本 T 检验。结果显示，Sig < .05，表示差异显著，受教育年限在男性和女性之间存在显著差异。数据显示，样本女性和男性在受教育年限上的均值分别为 4.51 和 5.06，女性低于男性。残疾女性由于受教育年限普遍低于残疾男性而更容易发生贫困。对五个县的数据分别进行分析，可以发现，除洞口县外，其他四个县的数据均表明受教育年限与贫困程度存在负相关关系。表 5 - 12 是四个县（不包括洞口县）的残疾人受教育年限与贫困之间的相关性分析，结果显示，受教育年限与贫困之间存在显著的负相关关系。表 5 - 13 是湖南洞口县残疾人受教育年限与贫困之间的相关性分析，两者之间存在较弱的负相关关系（P > .05）。

表 5 – 9   残疾人受教育程度与贫困的相关性分析

		贫困状况
受教育年限	Pearson 相关	– .513 **
	显著性（双侧）	.000
	N	664

** 在 .01 水平（双侧）上显著相关。

表 5 – 10   残疾人在受教育年限上的性别差异

	性别	N	均值	标准差
受教育年限	男	424	5.06	.160
	女	255	4.51	.232

表 5 – 11   残疾人在受教育年限上的性别差异

	F	Sig	t	df	Sig（双侧）	均值差值	标准误差值	差分的95%置信区间	
								下限	上限
假设方差相等	8.586	.004	2.008	677	.045		.273	.012	1.086
假设方差不相等			1.951	487.386	.052		.281	– .004	1.102

表 5 – 12   残疾人教育与贫困的相关性分析（不包括洞口县）

贫困状况		米脂	新蔡	平昌	台江
受教育年限	Pearson 相关	– .489 **	– .377 **	– .579 **	– .470 **
	显著性（双侧）	.000	.000	.000	.000
	N	394	139	270	203

** 在 .01 水平（双侧）上显著相关。

表 5 – 13   湖南洞口县残疾人教育与贫困的相关性分析

		贫困状况
受教育年限	Pearson 相关	– .296
	显著性（双侧）	.248

续表

		贫困状况
	N	17

表 5 – 14 是五个县残疾人教育剥夺的频数分析。这里的教育剥夺指的是受教育年限在 6 年及以下的情况。结果显示，河南新蔡、四川平昌、陕西米脂和贵州台江的教育受剥夺残疾人占比均超过 50%，其中以贵州台江为最，占比达 75.7%。表 5 – 15 是五县残疾人在汉族和少数民族之间的分布情况。剔除缺失值，可以发现，贵州台江的少数民族残疾人占总样本比例显著高于其他四县，达 96.8%。

表 5 – 14   五县残疾人教育剥夺情况的频数分析

	洞口	新蔡	平昌	米脂	台江
受剥夺人数	13	185	202	284	190
比例（%）	44.8	56.1	60.7	65.7	75.7

表 5 – 15   五县残疾人民族分布情况

单位：人,%

	洞口		新蔡		平昌		米脂		台江	
汉族	27	93.1	320	97	322	96.7	413	95.6	2	0.8
少数民族	—	—	3	0.9	—	—	1	0.2	243	96.8
缺失值	2	6.9	7	2.1	11	3.3	18	4.2	6	2.4
合计	29	100	330	100	333	100	432	100	251	100

（三）残疾程度与贫困之间的关系

残疾程度用残疾等级来度量，一级用数字"1"表示，二级用数字"2"表示，三级用数字"3"表示，四级用数字"4"表示，数字越大，残疾程度越轻。这里剔除选项 5"未分级/不知道"的样本数据，对 1—4 级残疾人进行分析。表 5 – 16 显示，残疾等级

与贫困在 .01 的水平上显著负相关，这表明残疾等级数字越大，贫困程度越低，即残疾程度越轻，贫困程度越低，残疾程度越重，贫困程度越深。

表 5 - 16　残疾等级与贫困的相关性分析

		贫困状况
受教育年限	Pearson 相关	- .137 **
	显著性（双侧）	.000
	N	720

** 在 .01 水平（双侧）上显著相关。

　　表 5 - 17 和表 5 - 18 是洞口县样本残疾人残疾等级情况，Sig > .05，这表明洞口县样本残疾人残疾等级与贫困没有明显的相关性。数据显示一级和二级残疾等级加总占比 52.7%，占总数的一半以上。表 5 - 19 和表 5 - 20 表明，新蔡县残疾人残疾等级与贫困之间并无直接相关关系，而一级和二级总和为 87.9%，占总数的 3/4 以上，表明新蔡县样本残疾人残疾程度较深。表 5 - 21 和表 5 - 22 表明，平昌县样本残疾人残疾等级与贫困并无相关关系，但与前两个贫困县不同，平昌县的残疾等级占比中，三、四两级（55.3%）高于一、二两级（44.7%），残疾程度低于前两个县。表 5 - 23 和表 5 - 24 表明，陕西米脂县样本残疾人残疾等级与贫困状况呈负相关，即残疾程度越轻，贫困程度越低。台江县的数据也表明了这种趋势（见表5 - 25 和表 5 - 26）。

表 5 - 17　洞口县残疾等级与贫困的相关性分析

		贫困状况
残疾等级	Pearson 相关	- .069
	显著性（双侧）	.815
	N	14

表 5 – 18　洞口县残疾等级占比排序

等级	三级		二级		一级		四级		合计	
频数/占比	8	42.1%	6	31.6%	4	21.1%	1	5.3%	19	100%

表 5 – 19　新蔡县残疾等级与贫困的相关性分析

残疾等级		贫困状况
	Pearson 相关	– .075
	显著性（双侧）	.362
	N	155

表 5 – 20　新蔡县残疾等级占比排序

等级	二级		一级		三级		四级		合计	
频数/占比	210	66.9%	66	21.0%	31	9.9%	7	2.2%	314	100%

表 5 – 21　平昌县残疾等级与贫困的相关性分析

残疾等级		贫困状况
	Pearson 相关	– .075
	显著性（双侧）	.189
	N	307

表 5 – 22　平昌县残疾等级占比排序

等级	三级		四级		一级		二级		合计	
频数/占比	90	28.9%	82	26.4%	71	22.8%	68	21.9%	311	100%

表 5 – 23　米脂县残疾等级与贫困的相关性分析

残疾等级		贫困状况
	Pearson 相关	– .183 [**]
	显著性（双侧）	.000
	N	413

[**] 在 .01 水平（双侧）上显著相关。

表 5 - 24　米脂县残疾等级占比排序

等级	三级		二级		一级		四级		合计	
频数/占比	283	66.3%	65	15.2%	48	11.2%	31	7.3%	427	100%

表 5 - 25　台江县残疾等级与贫困的相关性分析

		贫困状况
残疾等级	Pearson 相关	- .254 **
	显著性（双侧）	.000
	N	189

** 在 .01 水平（双侧）上显著相关。

表 5 - 26　台江县残疾等级占比排序

等级	二级		三级		四级		一级		合计	
频数/占比	64	28.2%	60	26.4%	57	25.1%	46	20.3%	227	100%

以上文分析为基础，对残疾等级一、二两级的占比情况进行加总（河南新蔡，87.9%；贵州台江，54.6%；湖南洞口，52.7%；四川平昌，44.7%；陕西米脂，26.4%）可以得出，河南新蔡残疾情况在五县中程度最深，陕西米脂程度最低。由五县合成的多维贫困指标与残疾等级有线性相关关系，但针对每个县进行相关性分析时，只有陕西米脂和贵州台江显著线性相关，这更验证了，贫困不是由残疾等级一项决定的，而是各因素综合作用的结果。

（四）人力资本与贫困之间的关系

将残疾人受教育年限和残疾等级进行等权重加总，形成残疾人人力资本指标，再与贫困指标进行相关性分析（见表 5 - 27），结果表明，残疾人人力资本与贫困之间显著负相关，人力资本水平越高，贫困程度越低。对五个县残疾人人力资本与贫困状况进行相关性分析，可以发现，米脂、新蔡、平昌和台江四县的残疾人人力资本与贫困状况呈现显著负相关，而洞口则没有强相关性（见表5-28和表5-29），不过通过样本量可以看出，洞口县的有效样本为11人，而其他四县均为100人以上，可以推测，洞口县相关性不强的原因也可能是数据缺失现象严重导致。

表5-27　五县残疾人人力资本与贫困的相关性分析

		贫困状况
残疾人人力资本	Pearson 相关	-.501**
	显著性（双侧）	.000
	N	663

** 在 .01 水平（双侧）上显著相关。

表5-28　四县残疾人人力资本与贫困的相关性分析

贫困状况		米脂	新蔡	平昌	台江
人力资本	Pearson 相关	-.490**	-.389**	-.602**	-.502**
	显著性（双侧）	.000	.000	.000	.000
	N	390	127	252	183

** 在 .01 水平（双侧）上显著相关。

表5-29　洞口县残疾人人力资本与贫困的相关性分析

		贫困状况
人力资本	Pearson 相关	-.338
	显著性（双侧）	.310
	N	11

四　结论与进一步的讨论

（一）结论

本章通过第三部分的数据分析，验证了第二部分的研究假设，即受教育年限和残疾等级是影响贫困的重要因素，残疾人人力资本与贫困状况之间具有显著相关性。具体体现为以下几点。

第一，残疾人受教育年限、残疾等级和人力资本与贫困显著负相关，即受教育年限越长、残疾等级越高、人力资本水平越高，贫困程度越低。这为政策制定提供了明确的方向，残疾人反贫困的侧重点应放在对其进行有效的教育、增强康复力度以恢复残疾人身体机能上。

第二，性别在残疾人受教育年限上有显著差异，但作为调节变量，在受教育年限对贫困的影响，以及人力资本和贫困之间的关系上的作用并不显著。可见，残疾女性贫困的根源仍在教育方面，在残疾人反贫困中，尤其要重视降低教育对贫困残疾女性的排斥。

（二）残疾人人力资本开发对策

人力资本包括了教育和身体素质两个部分，而这两个部分恰恰是农村残疾人最为缺乏的。也就是说，农村残疾人的人力资本水平较一般人群来说要低。目前，我国农村贫困地区人力资本积累水平很低，农村劳动力中有95%以上的人基本属于体力型和传统经验型农民。国家统计局农调总队的盛来运通过计算认为，农村贫困人口劳动力文盲率高达20%，比非贫困人口高11个百分点，而初中以上的劳动力比重只有38%，比非贫困人口低15个百分点[①]。在我国绝大多数贫困地区，大量低素质、近乎文盲的农业劳动生产力与数量相对较少的贫瘠土地结合，以低层次平面垦殖方式进行农业生产，除少量使用化肥、农药和部分较优质的品种外，低素质的劳动力基本上不清楚现代技术对种植业生产的影响，更无能力投入任何现代化科学技术对传统农业进行革命性改造。大量低素质劳动力的群体存在构成了"低素质屏障效应"，使贫困

---

① 盛来运：《新时期农村贫困标准研究》，《中国统计》2000 年第 12 期。

地区农村劳动力对其他职业的竞争力和外部环境的适应力极低，从而进一步强化了贫困地区农业生产结构单一和土地产出率低下的格局①。低人力资本又阻碍了移民、异地开发和劳务输出，使贫困的地区性特征不断固化，并形成加尔布雷斯（J. K. Galbrath）所说的"对贫困的顺应"（accommodation to poverty）②。因此，开发残疾人人力资本，成为打破贫困循环圈的关键。具体来说，主要有以下几个方面。

一是提高残疾人的受教育水平。首先，普及义务教育，保障残疾人尤其是残疾儿童的受教育权。对人的一生来说，儿童时期是积累人力资本的重要年龄阶段，对儿童将来在成人阶段的生存状态起到了决定性的作用③。因此，要实行上游干预政策，落实《中华人民共和国义务教育法》和《残疾人教育条例》的相关规定，通过法律的强制性保障残疾儿童的受教育权，提高适龄残疾儿童的入学率和在读率。其次，大力倡导残疾人随班就读，促进其实现社会融入。随班就读可以使残疾人融入普通教育系统，获得平等的机会和发展条件。要不断扩大残疾人随班就读的规模，加强对随班就读师资的培养，对学校进行无障碍改造，消除残疾人随班就读的障碍。再次，对于不符合随班就读的残疾人，应能够满足其进入特殊学校继续学习的需求。《国家中长期教育改革和发展规划纲要（2010—2020 年）》规定，各省辖市和人口在 30 万以上、残疾儿童较多的县（市、区）都应有一所特殊教育学校。随着政策的发展，应该将人口在 30 万以下的县（市、区）也纳入进来，尤其是我国中西部教育水平较落后的地区。最后，在资金支持上，变地方财政支持为中央财政支持，避免教育经费投入的地区差异，最大限度地保证经费投入的延续性和稳定性。

---

① 杨连福：《发展现代农业的若干思考》，中国言实出版社，2000。

② A. P. 瑟尔瓦尔：《增长与发展》，金碚编译，中国人民大学出版社，1992。

③ 史为磊：《也谈中国农村扶贫开发的策略选择》，《内蒙古农业大学学报》（社会科学版）2012 年第 4 期。

二是加强残疾人的技能培训。技能培训是提升残疾人人力资本从而使其摆脱贫困的重要方式。数据显示，残疾人家庭成员是否参加农村实用技术培训与残疾人家庭生活水平之间存在显著线性相关关系。残疾人家庭参加实用技术培训的比重低，对提供技术指导和技能培训的需求强烈。因此，可以从以下几个方面展开技能培训。首先，因地制宜提供有针对性的技能指导。培训的目的要立足在使贫困残疾人可以依托周围熟悉环境的资源获得收入的提升上，可以结合当地产业特点，并考虑残疾人自身的身体条件、知识储备和技能结构，使贫困残疾人获得实用技术和经营本领，提高其参加生产劳动的能力和经营管理的技能。比如米脂县残疾人家庭耕地面积多，养鸡鸭鹅和羊的比较多，在培训时可以对其就如何提高产量、种植适宜的经济作物或如何更好地进行家畜（禽）的饲养进行培训。其次，提供免费或低收费的技能培训。低收费可以降低贫困残疾人参与技能培训的门槛，减少政策推行的难度。最后，做好培训跟踪与结果评估工作。应当采集每一位接受农村实用技术培训的残疾人信息，培训结束后，要加强跟踪配套服务，对其培训后的就业和生产劳动状况进行动态跟踪管理，并据此进行及时调整，确保残疾人实用技术培训的有效性。

三是建立残疾预防和康复体系。首先，构筑残疾预防体系，减少残疾发生比例。这五个地区的调查数据显示，在致残原因方面先天残疾的比重高达 27.9%，因此要建立健全出生缺陷干预体系，重视婚检，加强孕前指导，规范临床医疗药品的使用管理，以减少先天因素致残比例。同时，要做好重点人群的宣传教育工作，如老年人、妇女、儿童等，减少传染病、慢性病等致残因素。发生意外事故是这五地的又一致残原因，对此，要加强安全生产、劳动保护工作，注意危险作业人员的劳动保护，特别是对从事建筑业、煤炭业等安全生产状况差、容易致残行业的农民工。其次，进行康复机构配套设施建设。对于残疾人而言，能否便利到达康复机构会极大地影响其对残疾康复的热情和参与度。目前，成都已开展半小时服务圈的实践，农村残疾人只要自行解决从家里到乡镇的出行问题，到达乡镇后，定期会有服务车接送其到市县进行康复治疗，通勤时间大概为半小时。成都的实践不失为一种可向全国推广的有效模式。对于康复机构内部及周边，都要加快进行无障碍设施改造，真正让残疾人实现生理上的无障碍。最后，加强康复人才培养，保证人才供给。编制是吸引优秀的康复人才到偏远地区工作的关键。编制与国家财政捆绑，有编制意味着工资、社保、晋升都有稳定的依托。因此，应理清康复人才管理体系，明确在偏远地区供职的康复人才的补贴政策，建立康复人才的培训体系。

参考文献

[1] Bonal X. "On global absences: reflections on the failings in the education and poverty relationship in Latin America", *International Journal of Educational Development*, 2007.

[2] Booth A., Snower D. "The Low-Skill, Bad-Job Trap", *Acquiring Skills*, 1996.

[3] Cannan E. *Elementary Political Economy*, H. Frowde, 1888.

[4] Chiswick, Barry R. "Jacob Mincer, experience and the distribution of earnings", *Review of Economics of the Household*, 2003.

[5] Denison, Edward F. "Accounting for United States Economic Growth, 1929 – 1969", Brookings Institution, 1974.

[6] Gounder R., Xing Z. "Impact of education and health on poverty reduction: monetary and non-monetary evidence from Fiji", *Economic Modelling*, 2012.

[7] Kurosaki, Takashi. "Effects of Education on Farm and Non-Farm Productivity in Rural Pakistan", FASID/GRIPS Discussion Paper on Economic Development, 2011.

[8] Mughal, W. H. "Human capital investment and poverty reduction strategy in Pakistan", *Labour and Management in Development*, 2007.

[9] Nhamo S. and Nhamo G. "Macroeconomics, (Adult) education, and poverty eradication in Southern Africa", *International Review of Education*, 2006.

[10] Tilak J. B. G. "Post-Elementary education, poverty and development in India", *International Journal of Educational Development*, 2007.

[11] A. P. 瑟尔瓦尔：《增长与发展》，金碚编译，中国人民大学出版社，1992。

[13] 贝克尔：《人力资本：特别是关于教育的理论与经验分析》，北京大学出版社，1987。

[14] 第二次全国残疾人抽样调查办公室、北京大学人口研究所：《第二次全国残疾人抽样调查数据分析报告》，华夏出版社，2008。

[15] 杜鹏：《中国农村残疾人及其社会保障研究》，华夏出版社，2008。

[16] 龚冬梅：《反贫困的农村教育发展对策研究》，东北师范大学，2005。

[17] 国家统计局农村社会经济调查总队：《2000 年中国农村贫困监测报告》，中国统计出版社，2000。

[18] 刘修岩、章元、贺小海：《教育与消除农村贫困：基于上海市农户调查数据的实证研究》，《中国农村经济》2007 年第 1 期。

[19] 毛伟、李超、居占杰：《教育能缓解农村贫困吗？——基于半参数广义可加模型的实证研究》，《云南财经大学学报》2014 年第 1 期。

[20] 申晓梅：《论教育与贫困的负相关性》，《社会科学研究》2002 年第 4 期。

[21] 盛来运：《新时期农村贫困标准研究》，《中国统计》2000 年第 12 期。

[22] 史为磊：《也谈中国农村扶贫开发的策略选择》，《内蒙古农业大学学报》（社会科学版）2012 年第 4 期。

[23] 世界银行：《1996 年世界发展报告：从计划到市场》，中国财政经济出版社，1996。

[24] 舒尔茨：《论人力资本投资》，北京经济学院出版社，1990。

[25] 舒尔茨：《人力资本投资：教育和研究的作用》，商务印书馆，1990。

[26] 万海远、李超、倪鹏飞：《贫困残疾人的识别及扶贫政策评价》，《中国人口科学》2011 年第 4 期。

[27] 王春萍、杨蜀康：《可行能力视角下教育与贫困关系的实证研究》，《山西财经大学学报》2007 年第 11 期。

[28] 王云多：《教育对消除贫困的作用》，《湖北大学学报》（哲学社会科学版）2013 年第 1 期。

[29] 西海固反贫困农业建设研究课题组：《走出贫困——西海固反贫困农业建设研究》，宁夏人民出版社，1996。

[30] 杨俊、黄潇:《基于教育差距引致农村贫困的背景观察》,《改革》2010年第 3 期。

[31] 杨连福:《发展现代农业的若干思考》,中国言实出版社,2000。

[32] 赵秋成:《我国中西部地区人口素质与人力资本投资》,《管理世界》2000 年第 1 期。

[33] 中国科学院国情分析研究小组:《农业与发展——21 世纪中国粮食与农业发展战略》,辽宁人民出版社,1997。

[34] 周毅:《我国贫困地区的成因及脱贫制约因素的分析——兼论政府的扶贫职能》,《山东矿业学院学报》(社会科学版)1999 年第 1 期。

第六章
连片特困地区残疾人家庭
住房研究

一　前言

　　住房是人们的基本生活需要。当这一需要无法得到满足时，人们就会遭受种种伤害，如缺乏居住安定感，挤压其他必要的生活支出，影响家庭成员的工作和学习效果，带来健康与卫生问题以及社区团结与发展的缺失等。改革开放以来，我国农村住房建设取得了巨大成就，2010 年中国农村已经超过"人均 1 间房"的住房拥挤标准。但与城市相比，中国农村住房设施不足和住房质量落后问题较为突出①，为数不少的人面临住房困难问题。与一般人群相比，农村残疾家庭，特别是连片特困地区的残疾家庭，因为在生理、经济和社会等方面的弱势状态，面临住房贫困的可能性更大，住房贫困的严重程度更高，处于住房贫困状态的时间也更为持久，住房贫困对于残疾人生活质量的影响也更为突出。

　　要解决残疾家庭的住房贫困问题，需要采取个人及家庭自助、市场机制以及政府干预等多种方式。个人及家庭自助是在市场经

---

① 邓宁华：《21 世纪初我国城乡住房状况的三个特征》，《五邑大学学报》（社会科学版）2014 年第 1 期。

济条件下解决残疾人家庭住房问题的基础性方式，但这一方式以残疾人家庭的自助能力为前提，因而无法解决能力不足的残疾人家庭的住房问题；市场机制有利于提高残疾人家庭的住房供给能力，但这一方式同样要以残疾人家庭的市场参与能力为前提，并且还要面对马太效应的挑战；残疾人组织互助以对残疾人群体和社会公众的资源汲取能力为基础，也会受到"更多需要、更少资源"的约束。

发达国家的政府在解决残疾人家庭的住房问题上承担了重要的乃至首位的责任。20 世纪 60 年代以来，美国政府以残疾人的去机构化为导向，强调联邦政府和地方政府对残疾人家庭的住房保障责任，推动采用实物住房和住房津贴等多种方式来为残疾人及其家庭提供普惠性的住房服务，并设立了"公平住房与平等机会办公室"实施有关法律。90 年代以来日本中央和地方政府共同努力，不断加大对残疾人住房和地域生活融入的支持力度，提升对集体住宅、照料住宅的房费补助水平，并有效降低残疾人福利服务使用负担[1]。中国香港特区政府通过公屋、儿童之家、辅助宿舍、护理院、长期护理院政策等多种方式，为残疾人提供多样化的住房解决渠道，并且着力加强社交培训、家务指导服务、日常暂雇服务、交通服务、咨询服务，在满足残疾人的社区融入需要上取得了良好的效果[2]。

发达国家或地区的残疾人住房保障政策发生在城市化已经完成的背景下，而我国城市化尚未完成。当前，我国针对城镇残疾人家庭的住房保障政策主要有经济适用房、廉租房政策和公共租赁住房政策。目前，针对农村残疾人的危房问题，国家出台了多

---

[1]　金子能宏、单柏衡：《日本残疾人福利政策的结构和效果》，《社会保障研究》2014 年第 1 期。

[2]　彭华民、万国威：《残疾人社会福利制度：内地与香港的三维比较》，《南开学报》（哲学社会科学版）2013 年第 1 期。

项政策①，各地也出台了一些政策，支持残疾人住房改造和改建，但是支持力度较小，贫困程度较深的残疾人家庭难以得到政策的支持。从现有的补助政策看，扶贫办对国定贫困县农村住房改造有 5000—8000 元的补助，民政部门对倒房重建的补助标准也在 5000—8000 元，残联对困难残疾人家庭住房改造也有 5000—10000 元的补助②。但是即使能从三个部门得到住房补助（事实上，多数地区不允许重复领取住房补助），其额度也不会超过 26000 元。目前，在农村地区建造砖混结构的房子，平原地区成本在 1000—1200 元/平方米，山区成本在 1200—1500 元/平方米。建造一栋 100 平方米的房屋总造价在 10—15 万元。连片特困地区多数交通不便，建筑材料运输成本远高于平原和丘陵地区，每平方米的建造成本更高。而且随着人力成本的快速增长，农村建房成本也在快速增长。所以对于农村贫困残疾人家庭来说，建造新房基本无望，因而也无法从政府那里得到危房改造补助。农村贫困残疾人的住房问题日渐显现。

二　残疾人家庭居住基本情况

（一）住房类型

从住房类型来看，绝大多数残疾人家庭的住房是自建的，有 2063 户，占比达 94.2%，另有 92 户残疾人家庭住房是租赁和借用

---

① 如，《中共中央国务院关于促进残疾人事业发展的意见》（中发〔2008〕7 号）、《关于加快推进残疾人社会保障体系和服务体系建设指导意见的通知》（国办发〔2010〕19 号）、《关于优先解决城乡低收入残疾人家庭住房困难的通知》（残联发〔2010〕14 号）、《关于创新农村残疾人扶贫开发工作的实施意见》（残联发〔2014〕46 号）等。《农村残疾人扶贫开发纲要（2011—2020 年）》要求实施"阳光安居工程"；2013 年，住房和城乡建设部、中国残联联合下发通知，要求各地在农村危房改造中优先支持农村贫困残疾人家庭危房改造，改善农村贫困残疾人家庭住房条件。

② 如 2011 年，甘肃省出台政策，出资 6000 万元解决 6000 户农村贫困残疾人危房改造，每户建筑面积不超过 50 平方米。

的，占比 4.2%，还有 1.6% 的家庭住房类型为"其他"。从住房
结构类型来看，家庭住房结构类型是砖木瓦结构的残疾人家庭最
多，有 998 户，占比 45.5%；其次是木竹草结构的住房，有 356
户，占比 16.2%；再次是窑洞和土坯房，分别占比 15.1% 和
14.8%；最后是钢筋混凝土结构和其他的住房，分别占比 7.9%、
0.5%。具体情况如表 6-1 所示。从住房数量来看，有 93.4% 的
家庭住房数量在 1 至 5 间，其中 754 家有 3 间房，495 家有 2 间房，
288 家有 4 间房，275 家有 1 间房，122 家有 5 间房。另外，还有
78 家有 6 间房，22 家住房数量在 7 间及以上，31 家房间数量为 0。
近一半的残疾人家庭人均住房数量在 1 间以下。

表 6-1　残疾人家庭住房情况

单位：%

住房类型			
自建	借用	租赁	其他
94.2	2.8	1.4	1.6
住房结构类型					
砖木瓦	木竹草	窑洞	土坯房	钢筋混凝土	其他
45.5	16.2	15.1	14.8	7.9	0.5

　　由于五个被调查的县处于不同的环境，住房结构呈现较大差
异（见表 6-2）。台江县住房结构类型主要是木竹草结构，占到被
调查家庭的 81.77%；洞口县住房结构类型主要是砖木瓦结构，占
到所有被调查家庭的 75.31%；新蔡县住房结构类型主要是砖木瓦
结构，占所有被调查家庭的 45.55%；米脂县住房结构类型以窑洞
为主，占到所有被调查家庭的 84.61%；平昌县住房结构类型以土
坯房为主，占到所有被调查家庭的 52.93%。不同地区的住房结构
类型分布与当地的地形等自然条件密切相关，例如米脂县位于黄
土高原，住房结构类型主要是窑洞，台江县位于我国西南山区，
住房结构类型以木竹草结构为主。

表 6 – 2　五个县残疾人家庭住房状况比较

单位：%

	钢筋混凝土	砖木瓦结构	木竹草结构	土坯房	窑洞	其他
台江	3. 42	13. 11	81. 77	1. 1	0	0. 6
洞口	13. 9	75. 31	4. 56	6. 02	0	0. 21
新蔡	7. 93	45. 55	16. 28	14. 77	15. 05	0. 42
米脂	5. 13	8. 72	0	1. 54	84. 61	0
平昌	7. 11	30. 75	8. 79	52. 93	0	0. 42

（二）居住环境及设施

从主要生活燃料来看，绝大多数的残疾人家庭使用柴草，占 70.7%，19.4% 的家庭使用煤炭，6.0% 的家庭使用电，3.9% 使用其他燃料。

从主要生活用水类型来看，57.8% 的家庭使用井水，40.6% 的家庭使用自来水，另有 1.4% 的家庭使用水窖水、河湖水，0.2% 使用其他水。

在居住环境改造方面，残疾人家庭接受居住环境改造最多的项目是农电整改，占 42.5%，其次是危房改造（18.3%）、厕所改造（11.9%），有 4.8% 进行了沼气改造。接受家庭无障碍环境改造项目的很少，仅有 1.9%。20.6% 接受其他方面的改造。

三　残疾人家庭住房比较分析

各县与"住房权属"、住房间数、住房结构显著相关（三种情形下的 sig. = 0.000），反映五县之间在这三个方面的重大差异。

（一）住房权属类型

虽然五县残疾人的家庭住房都带有农村显著的以"自建"为主的特点，但相互之间的比例有所不同。台江县住房自建的比例

最高，达到 98.9%；洞口县最低，只有 88.5%，两者相差超过 10
个百分点。新蔡县、平昌县和米脂县的自建比例分别为 95.6%、
95.2% 和 94.5%。

（二）住房结构类型

由于受当地自然地理环境的影响，米脂县的残疾人家庭住房
结构类型多是窑洞，共有 331 户，占当地的 84.7%；台江县残疾
人家庭住房结构以木竹草结构居多，有 287 户，占当地所有类型的
81.8%。另外，残疾人家庭住房结构类型为土坯房的共有 324 户，
其中平昌县最多，有 253 户，占所有土坯房住户的 78.1%，占当
地被调查残疾人家庭的 53.0%。其他四个地区有土坯房残疾人住
户 71 户，其中新蔡有 32 户，洞口有 29 户，米脂 6 户，台江 4 户
（具体情况参见表 6 - 3）。

表 6 - 3　分地区残疾人家庭住房结构类型比较

		台江	洞口	新蔡	米脂	平昌
钢筋混凝土	频数（个）	12	67	41	20	34
	百分比（%）	3.4	13.9	8.4	5.1	7.1
砖木瓦	频数（个）	46	363	408	34	147
	百分比（%）	13.1	75.3	83.1	8.7	8.6
木竹草	频数（个）	287	22	6	0	41
	百分比（%）	81.8	4.6	1.2	0.0	8.6
土坯房	频数（个）	4	29	32	6	253
	百分比（%）	1.1	6.0	6.5	1.5	53.0
窑洞	频数（个）	0	0	0	331	0
	百分比（%）	0.0	0.0	0.0	84.7	0.0

注：其他住房结构类型未列入表格中。

（三）住房数量

在住房数量上，五个县的差距并不大。平昌县县人均住房数

量最多，为 1.81 间，但住房数量为 0 的比例也最高，为 4.0%；台江县人均住房数量最少，为 1.11 间，但所有残疾人家庭均有住房；新蔡县、米脂县和洞口县残疾人家庭的平均住房间数分别为 1.67 间、1.65 间和 1.41 间。

就各县所存在的问题而言，洞口县住房自建比例低于 90%，是五个地区里最低的，还有 2.4% 没有住房，其中选择"租赁"和"借用"住房的比例分别为 2.5% 和 5.6%，还有 3.5% 选择了"其他"。通过查找资料发现，洞口县有大家庭几代同居的情况，选择"其他"的残疾人家庭可能是这种居住方式。从住房结构和人均住房数量为 0 间两个指标来看，平昌县住房情况差。巴中市残联对当地残疾人土坯房住房情况的调查显示，残疾人土坯房住户比例超过 80%，住房陈旧破烂的占其中的 60%①。再加上平昌县洪涝灾害多发，容易对房屋造成损坏，而残疾人家庭无力修缮，可能因此无房。此外，在生活燃料方面，米脂县使用煤炭作为生活燃料的最多，有 77.6%，其次是柴草；其他四个地区均是使用柴草的最多，平昌县最高，有 90.4% 的家庭使用柴草；洞口县以电为主要生活燃料的比较多，有 19.0%。

关于居住因素与残疾因素之间的关联。我们在控制"各县名称"的基础上，对"住房权属""住房结构""房间间数"与"家庭残疾人数量""残疾持续年限""残疾类别""残疾等级"等在区分测量层次的前提下做相关分析。结果如下。

第一，在"住房权属"上，残疾有关因素并无一贯的显著性。除洞口县在有两个残疾人类别的家庭中有更高的"租赁、借用"比例外，其他县以及总体与"家庭残疾人数量"无显著相关；除洞口县和平昌县外，其他县以及总体与"残疾持续年限"有显著相关；除"米脂县"外，其他县以及总体与"残疾类别"无显著相关。"残疾类别""残疾等级"无一致的显著相关。所有这些进一步展示

---

① 巴中市残疾人联合会：《巴中市残疾人户土坯房现状调查及改建对策》，http：// wenku. baidu. com/view/9b2558503c1ec5da50e27030. html，2015 年 6 月 10 日。

了农村自建房权属制度对残疾人住房的重大影响。

第二，在"住房结构"上，"家中残疾人数量"在全部情形中与它显著相关。但这作为定类相关，只能说明"家中残疾人数量"不同，则"住房结构"也不同，无法指出不同的方向；"残疾持续年限"仅在"总体"和米脂县与"住房结构"显著相关，在总样本和其他四县子样本中无显著相关；"残疾类别"与"住房结构"在新蔡县不相关，而在其他四县和总样本中显著相关；"残疾等级"与"住房结构"在除台江县和平昌县外的其他三县和总样本中显著相关。

第三，在"住房间数"上，"家中残疾人数量"与它在洞口县、米脂县、平昌县都显著正相关，但斯皮尔曼系数都小于0.15；"残疾持续年限"与"住房间数"仅在米脂县呈负相关，斯皮尔曼系数为 -0.163，表明在米脂县，"残疾持续年限"越长，"住房间数"越少；"残疾类别"与"住房间数"在五县和总样本中都无相关；"残疾等级"与"住房间数"仅在平昌县呈微弱正相关，即残疾程度越低，住房间数越多。

在五个县中，洞口县残疾人的自身条件较好，但是住房问题较为突出。比较五个县住房类型发现，台江县住房自建的比例最高，处于武陵山区的洞口县最低，两者相差10个百分点。就住房的质量看，洞口县残疾人家庭土坯房住户数量仅次于新蔡县；在残疾人家庭住房数量上，洞口县排在了倒数第二位，没有住房的残疾人比例排在第二位。从残疾人面临的最大困难看，只有洞口县将"住房紧张"排在第一位，其他四个县则把"看病难"和"劳动力短缺"排在第一位。

四　连片特困地区残疾人住房政策改进

（一）分类救助

连片特困地区经济发展落后，财力有限，大规模改造残疾人的住房问题不切实际，应该将有限的资金用在最急需的群体上。为此需要改变住房补助标准低、受益面广的做法，而采取提高补助标准、收窄受益面的做法，建议在连片特困地区，根据贫困等级、家庭结构和危房等级对残疾人家庭危房改造给予补助，补助标准在现有基础上应得到大幅度提升。

首先，对残疾人家庭进行贫困分级。根据国际通行做法，贫困通常划分为三级，即赤贫（destitution）、贫困（poverty）和贫困边缘（at the risk of poverty）。贫困的分级可以参照民政部门的划分标准来定。目前民政部门将贫困对象划分为低保户和低保边缘户，低保边缘户则相当于贫困边缘户，而低保户则可以划分为两类，即无收入来源、无财产、无劳动能力的低保户，这部分人群可以划归为赤贫，其余则划分为贫困。

其次，对残疾人家庭住房进行分级。住建部门根据房屋危险程度将其划分为 ABCD 四个等级。A 级：结构承载力能满足正常使用要求，没有腐朽危险点，房屋结构安全。B 级：结构承载力基本满足正常使用要求，个别结构构件处于危险状态，但不影响主体结构，基本满足正常使用要求。C 级：部分承重结构承载力不能满足正常使用要求，局部出现险情，构成局部危房。D 级：承重结构承载力已不能满足正常使用要求，房屋整体出现险情，构成整幢危房。

最后，对残疾人家庭结构进行区分。为简便起见，将残疾人家庭按成人和未成年人区分为 12 种结构。第一个成年人按系数 1 计算，每增加一个成人，按系数 0.5 计算，每增加一个小孩，按系数 0.3 计算。系数计算公式如下[1]：

$$No\ of\ AE = 1 + 0.5 \mid (Nadults - 1) + 0.3 \mid Nc \mid ildren \qquad (1)$$

公式（1）将第一个家庭成员赋值为 1，每增加一个成人，家庭等同成人增加 0.5；每增加一个儿童，家庭等同成人增加 0.3。

---

[1]　此计算系数公式由世界银行专家王德文提供。

出于管理上的考虑，也为了满足预算上的需求，该公式可以设置一个上限，即不管家庭规模多大，其所能享有的福利不能超过最大值。考虑到农村家庭结构，假设家庭福利上限为 4 个成人和 2 个儿童，且假设家庭住房定为 A 级不予补助。家庭成员为 1 个成年人的住房补助标准如表 6-4 所示。根据表 6-4，考虑不同家庭类型结构，得到不同的补助标准（见表 6-5）

表 6-4　家庭成员为 1 个成年人的住房补助标准

单位：平方米

住房等级	B	C	D
赤贫	10	20	30
贫困	5	10	20
贫困边缘	0	5	10

表 6-5　不同家庭结构类型的住房补助标准

单位：平方米

贫困等级		赤贫			贫困			贫困边缘		
住房等级		B	C	D	B	C	D	B	C	D
家庭结构	1	10	20	30	5	10	20	0	5	10
	1+1	13	26	39	6.5	13	26	0	6.5	13
	1+2	16	32	48	8	16	32	0	8	16
	2	15	30	45	7.5	15	30	0	7.5	15
	2+1	18	36	54	9	18	36	0	9	18
	2+2	21	42	63	10.5	21	42	0	10.5	21
	3	20	40	60	10	20	40	0	10	20
	3+1	23	46	69	11.5	23	46	0	11.5	23
	3+2	26	52	78	13	26	52	0	13	26
	4	25	50	75	12.5	25	50	0	12.5	25
	4+1	28	56	84	14	28	56	0	14	28
	4+2	31	62	93	15.5	31	62	0	15.5	31

解决连片特困地区残疾人住房问题，首先要解决资金来源问题，考虑到连片特困地区经济发展较为落后，财政承受能力相当有限，因此建议由三级政府共同筹措资金。中央财政设立连片特困地区残疾人危房改造专项资金，省级财政承担相应比例，县财政给予配套。其中中央财政比例至少要占50%以上。

解决残疾人的住房问题后，还要考虑残疾人家庭的自我发展问题，其中最为重要的是扶助其生产，包括对劳动技能的培训，给予土地承包的优惠政策，优先发放小额贷款等。

（二）试点农村经济适用房

20世纪90年代，我国在城镇实施了经济适用房和廉租住房制度，目前这已成为我国城镇住房保障的重要形式，这一制度缓解了城镇中低收入群体的住房困难。针对农村住房困难问题，政府也出台了补助制度，但是领取补助的先决条件是先建房，而部分特别困难的农村居民无法垫付高昂的建房费用，从而无法领取住房补助。解决这一问题，可以借鉴城镇经济适用房和廉租住房思路，政府出资建房，由农村低收入群体承租，政府给予租金减免。目前，已有部分地区开始探索这一制度，其中四川巴中地区实施的"巴山新居"项目就是其中的典型。

四川省巴中市于"十二五"期间开始实施"巴山新居"扶贫项目。"巴山新居"施行了"人畜分离"的卫生标准，并对厨房进行了统一改造。截至2014年5月，巴中市已建成中心村38个、聚居点935个（聚居农户8.52万户、33.23万人）；11.66万户、36.73万人搬入新居。在实施"巴山新居"项目的过程中，残疾人家庭得到更多的支持。巴中市制定的残疾人家庭的优惠政策包括：优先支持一户多残、特别困难、现住危房或土坯房的残疾人家庭改造住房；符合城乡住房保障条件的，优先纳入保障范围；特别困难的残疾人家庭，在按标准享受政府土坯房改造补助的基础上，当地政府再给予每户1万元财政扶贫资金补助；特别困难、无力建房的残疾人家庭，可优先享受"巴山新居"廉租房扶贫政策，贫困残疾人被拆迁房屋的临时补助费和停业补助费按提高 20% 的标准给予补助，产权调换安置的适当优惠差价结算；对独立创业残疾人和残疾人发展特色产业基地给予政策倾斜、资金扶持和规费减免。鼓励农村残疾人以林、地、房、水等产权入股发展产业。

在具体操作上，采取"三统筹、三公开、三跟进，推进残疾人新居服务工程"。一是规划建设"三统筹"。统筹建设选址，巴中市将残疾人廉租房建设纳入"巴山新居"工程进行统一规划建设，利用"巴山新居"建设配套基础设施和公益设施，让困难残疾群众同步享受配套公共服务；统筹资金整合，巴中市在整合利用避灾搬迁、民政、残联、小农水利建设项目资金的同时，争取在外创业成功人士、本地企业和地方干群的支持，促使其捐钱出力，解决资金投入不足问题；统筹设计户型，巴中市根据困难残疾人家庭情况，统一建设 40—80 平方米的 1 室 1 厅 1 厨 1 厕、2 室 1 厅 1 厨 1 厕两种户型供选择。二是进退管理"三公开"。公开廉租房权责，由村委会与困难残疾人签订房屋使用协议，廉租房产权归集体所有，残疾人每年交 500 元租金即可入住；经济实在有困难的，给其安排公益岗位，以劳抵租或减免费用；公开申请程序。残疾人申请后，召开村民代表大会进行民主评议，再摇号确定配租顺序，公示无异议后，签约入住。公开退出机制，对已有能力购买农村经济适用房或商品房的，村委会有权收回并另行配租给其他残疾人，住户必须退出廉租房。三是后续工作"三跟进"。跟进提高残疾人收入，因地制宜发展茶叶、果蔬、乡村旅游等产业，采用产业基地、组建专业合作社等模式，吸引残疾人入会增收；跟进培训残疾人技能，加强农村残疾人就业技能培训，让有劳动能力的残疾人掌握一技之长；依托群团系统办的新市民学校培养残疾人的文明礼仪和良好生活习惯，设置新风倡导员、矛盾调解员等岗位，提高农村残疾人的素质和公共服务能力。

　　住房政策干预对地方政府（特别是落后地区的地方政府）来讲是一个很大的财政挑战，因而似乎是"不能完成的任务"。但对连片特困地区的典型调查发现，这样的疑虑似是而非，即使是经济落后地区，地方政府也能采取干预行动并取得成功，而这样的干预对于提高残疾人家庭的生活质量有立竿见影的效果。四川省巴中市实施的"巴山新居"项目给农村地区解决低收入困难群体的住房问题提供了一个新思路，各地可以根据自身的实际情况，采取多样化的筹资方式，千方百计解决农村残疾人住房问题。

参考文献

[1] 冯开文、李军、吕之望等：《农村住房问题初论》，中国农业出版社，2014。

[2] 顾杰、徐建春、卢珂：《新农村建设背景下中国农村住房发展：成就与挑战》，《中国人口资源与环境》2013 年第 9 期。

[3] 胡建坤：《中国农村住房制度：面临挑战与改革思路》，《城市发展研究》2011 年第 10 期。

[4] 刘李峰：《我国农村住房建设：发展历程和前景展望》，《城市发展研究》2010 年第 1 期。

[5] 潘安平：《沿海农村居住困难群体住房保障问题研究》，中国建筑工业出版社，2012。

[6] 仇保兴：《四个明确推进农村危房改造》，《建筑科技》2010 年第 3 期。

[7] 施爱玲：《我国农村住房保障制度问题与对策研究》，山东财经大学，2013。

[8] 王明刚、赵佳静、田硕：《完善农村贫困人口住房保障制度的对策研究》，《产业与科技论坛》2015 年第 9 期。

[9] 吴志宇：《我国农村多元化住房保障体系构建探析》，《现代经济探讨》2012 年第 5 期。

[10] 谢冰：《贫困与保障——贫困视角下的中西部民族地区农村社会保障》，商务出版社，2013。

[11] 张红、谢娜:《新时期中国农村住房消费状况》,《中国房地产》2009
　　　年第 8 期。

[12] 郑婷兰、范恩海:《农村住房调查与危房改造分析——以山西省为例》,
　　　《农村发展》2014 年第 11 期。

第七章
连片特困地区残疾人社会
排斥问题研究

一　前言

"社会排斥"的概念最早由法国学者 Ren Lenior 提出，他认为受排斥者包括残疾者、自杀者、老年患者、受虐儿童药物滥用者、越轨者、单亲父母、多问题家庭、边缘人、反社会的人和社会不适应者。此后，社会排斥的概念逐渐在欧洲其他国家流传开来，并逐步上升为欧盟的政策方向，继而进入世界的话语体系，社会排斥的内涵不断拓宽。从时间来看，社会排斥最早是针对民族而言的，大民族完全或部分排斥少数民族的各种歧视和偏见即为社会排斥；20 世纪 70 年代，社会排斥用于指许多人因长期失业而被排斥在市场之外；20 世纪 90 年代指某些群体部分或全部出局，享受不到人类权利。从空间来看，法国的"社会排斥"概念倾向于个人与社会之间的连接，欧盟侧重于社会权利，英国侧重于个人的社会参与。

尽管对"社会排斥"的定义各异，但"社会排斥"的含义均内在地涉及收入贫困和物质资源的匮乏，也涉及一些个人或者群体在社会中被边缘化的过程。社会排斥逐渐成为研究贫困问题的一个核心概念，社会政策研究领域也将社会政策的目标从"克服贫困"转向"消除社会排斥",由关注贫困个人和家庭转变为关注在更为广阔的社会经济政治环境和制度性结构中考察贫困的成因。

我国学者将"社会排斥"引入,并结合我国的具体国情和情境来研究现阶段发展过程中遇到的一些社会问题,如失业问题、两极分化问题、住房改革问题、残疾人问题等。国内对残疾人社会排斥的研究采用多种范式,研究内容主要是关注残疾人在就业、教育和社会参与等方面的排斥。

生活在连片特困地区的残疾人在社会排斥方面是一种什么样的情况呢?本章基于问卷调查和个案访谈材料对连片特困地区残疾人的社会排斥进行描述。个案访谈的编码如下:贵州省台江县11个残疾人,编号为 A01 - A11;湖南省洞口县11个残疾人,编号为 B01 - B11;河南省新蔡县20个残疾人,编号为 C01 - C20;陕西省米脂县15个残疾人,编号为 D01 - D15;四川省平昌县18个残疾人,编号为 E01 - E18。

二　残疾人社会融入状况:基于问卷调查的分析

(一) 五个县的总体分析

本研究从残疾人家庭及残疾人本人与村民的交往程度和接受村民帮助的情况来衡量其社会融入程度。调查结果显示,不论是残疾人家庭及残疾人本人与村民的交往程度,还是得到村民帮助的情况,选择"一般"的最多(见表7-1)。

表7-1　残疾人及其家庭与村民的交往和得到帮助的情况

单位:个

	残疾人家庭的交往	残疾人的交往	家庭得到村民帮助
频繁	380 (17.5%)	298 (13.8%)	375 (17.2%)
一般	1420 (65.3%)	1277 (59.0%)	1088 (50.0%)

	残疾人家庭的交往	残疾人的交往	家庭得到村民帮助
很少	352（16.2%）	568（26.2%）	656（30.1%）
说不清	21（1.0%）	21（1.0%）	57（2.6%）
合计	2173（100.0%）	2164（100.0%）	2176（100.0%）

注：括号中数据为所占百分比。

首先，分析残疾人家庭及本人与村民交往的情况。从残疾人家庭与村民的交往程度来看，选择"频繁"的有 380 位，占比 17.5%，而残疾人本人与村民交往频繁的有 298 位，占比 13.7%；残疾人家庭与村民交往很少的有 352 位，占比 16.2%，残疾人本人与村民交往很少的有 568 位，占比 26.2%（见表 7-1）。可见，残疾人本人与残疾人家庭其他成员相比，与村民交往更少。

其次，分析残疾人家庭得到村民帮助的情况。在得到村民帮助方面，有一半人认为得到的帮助一般，有 375 位，即 17.2% 的人认为得到的帮助"频繁"，有 656 位，即 30.1% 的人认为得到的帮助很少，其余人认为说不太清楚（见表 7-1）。总体看来，大部分残疾人家庭会得到村民的帮助，但部分残疾人家庭得到的帮助很少。

通过相关分析发现，残疾人及家庭经济状况与社会融入程度呈正相关关系，即残疾人及家庭经济状况越好，社会融入程度越高；经济状况越差，社会融入程度越低。贫困程度影响了残疾人社会融入程度，越贫困的残疾人及家庭，社会融入度越低。

（二）五个县社会融入的比较分析

首先，比较五个县残疾人家庭与村民交往的情况。从这五个地区残疾人家庭与村民的交往程度来看，台江县比较特殊，在当地调查结果显示选择"频繁"的有 148 位，占比 43%，超过了选择"一般"的比例。其余四县残疾人家庭与村民交往一般的占比均在 60% 以上，而与村民交往频繁的、交往很少的都低于 20%，基本呈现正态分布（见表 7-2）。

表 7 - 2   五个县残疾人家庭与村民的交往比较

单位：个

地区	频繁	一般	很少	说不清	合计
台江	148（43%）	131（38%）	65（19%）	0（0%）	344
洞口	39（8%）	362（76%）	65（14%）	8（2%）	474
新蔡	84（17%）	309（63%）	87（18%）	7（1%）	487
米脂	59（15%）	281（72%）	47（12%）	2（1%）	389
平昌	50（10%）	337（70%）	88（18%）	4（1%）	479

注：括号中数据为所占百分比。

其次，比较五个县残疾人与村民交往的情况。从五个县残疾人本人与村民的交往程度来看，洞口县和米脂县残疾人本人与村民的交往程度基本和残疾人家庭与村民的交往程度一样呈现正态分布，交往一般的占了大多数。台江县选择"频繁"的人数略微多于选择"一般"的人数，各占39%、35%，选择"很少"的为86人，占比25%。而新蔡县和平昌县残疾人与村民交往一般的分别有263位、270位，占一半以上，接下来是各有33%、37%的残疾人选择了"很少"这一项，交往频繁的最少（见表7-3）。

表 7 - 3   五个县残疾人与村民的交往比较

单位：个

地区	频繁	一般	很少	说不清	合计
台江	133（39%）	119（35%）	86（25%）	0（0%）	338
洞口	35（7%）	340（71%）	92（19%）	11（2%）	478
新蔡	55（11%）	263（54%）	163（33%）	9（2%）	490
米脂	49（13%）	285（73%）	52（13%）	3（1%）	389
平昌	26（5%）	270（56%）	175（37%）	8（2%）	479

注：括号中数据为所占百分比。

最后，比较五个县残疾人家庭得到村民帮助的情况。在残疾人家庭得到村民的帮助方面，先从最高比例来看，台江县接近一半（48%）的残疾人家庭很少得到村民的帮助，其他四个县约有一半（分别是 56%、49%、50%、57%）的残疾人家庭得到的帮助一般。再看这五个县当中另外 50% 左右的残疾人家庭得到村民帮助的情况，台江县有近 1/3 选择了"一般"，洞口县、新蔡县和米脂县分别有 171 人（36%）、130 人（26%）和 130 人（33%）选择了"很少"，这四个县都是只有小部分残疾人家庭经常得到村民的帮助。平昌县的情况则不同，有 27% 的残疾人家庭经常得到村民的帮助，超过了很少得到村民帮助的人。

表 7 - 4　五个县残疾人家庭得到村民的帮助情况

单位：个

地区	频繁	一般	很少	说不清	合计
台江	58（17%）	112（33%）	161（48%）	7（2%）	338
洞口	23（5%）	268（56%）	171（36%）	17（3%）	479
新蔡	103（21%）	239（49%）	130（26%）	18（4%）	490
米脂	62（16%）	196（50%）	130（33%）	3（1%）	391
平昌	129（27%）	273（57%）	64（13%）	12（3%）	478

注：括号中数据为所占百分比。

根据调查结果，分地区来看，不同地区残疾人贫困状况与社会融入的相关关系呈现不同特点。在五个县中，台江、平昌两县残疾人经济状况与社会融入程度呈现显著的正相关关系，洞口县呈现较弱的相关性，而新蔡和米脂两县的相关性不显著（见表 7 - 5）。

表 7 - 5　五个县残疾人家庭经济状况与社会融入程度的
相关分析（分地区）

	台江	洞口	新蔡	米脂	平昌
Pearson Correlation	0.503 **	0.106 *	0.050	0.092	0.367 **
Sig.（2-tailed）	0.000	0.019	0.545	0.116	0.000

注：** 表示在 a = 0.01（双侧）的显著性水平上显著相关，* 表示在 a = 0.05（双侧）的显著性水平上显著相关。

三 残疾人社会排斥：基于个案 访谈的分析

（一）教育排斥

教育是个人社会化的重要条件，公平地接受教育是每个公民享有的社会文化权利之一，残疾人也不例外，就在个人社会化的第一个层面，残疾人就受到不同程度的社会排斥。然而，在现实社会生活中，残疾人往往因其身体或精神上的残缺而不能正常地接受教育，被排斥在社会教育体系之外。如访谈案例中的 10 岁男孩，因为生活不能自理，失去了走进校园的机会，只能由初中毕业的姐姐在家教他识字，学点文化。

> 我儿子今年 10 岁，先天性残疾，因为生活不能自理，四肢不能动弹，头要比正常人大一些。到了上学的时候，我和他爸考虑到他生活不能自理，大小便特别不方便，决定不送他去学校念书，也免得他受到同学的嘲笑，遭受更大的打击。而且我们在农村，附近也没什么特殊学校，也舍不得送他到学校去遭那个罪。现在由他姐姐在家教他写写字，学点文化知识。（C07）

对于重度残疾和生活不能自理的儿童来说，正常上学几乎成为一道难以逾越的门槛。上述访谈材料中的少年，能有一个姐姐教其读书识字，这种间接的教育形式也算是他失去正常教育机会的重要弥补。即使能够上学，这些残疾儿童也容易成为其他同学嘲讽和讥笑的对象，一些残疾儿童受不了同学的嘲笑和戏弄而辍学回家。

> 我父母是正常人，但我是天生残疾。到了两三岁的时候，

爸妈发现我只长脑袋，手和脚都长得特别慢。到了上学的年龄，我的手脚还像两三岁的小孩一样，个子也比同班同学矮大半截。在学校的日子很不好过，每到下课，同学都在教室里追逐打闹或者去操场玩，我只能一个人躲在教室的角落里发呆。在来回学校的路途中，也有同学故意跑到我面前来嘲笑我，甚至打我，欺负我腿短追不上他们。初中毕业之后，我实在受不了在学校被同学嘲笑和戏弄，就没有再读书了。（B01）

残疾人需要鼓起极大的勇气才能来到校园，然而被校园里的讥讽和嘲笑所打击，这是残疾人求学路上艰难历程的真实写照。这种心理的打击，足以毁灭此前费尽千辛万苦建立起来的心理防线，退学成了很多残疾人的最后选择。

整个社会对于残疾人的歧视观念是残疾人在教育中受排斥不可忽视的因素。在一个成年人都未必人人尊重残疾人的社会，不可能强求心智尚未成熟的小孩平等地对待班里的每一位同学。尽管有些残疾儿童克服重重生理、心理、经济的困难走进了校门，但是因为他们的"缺陷"造成的"与众不同"，往往成为充满好奇心的同学们戏弄的对象，这甚至会迫使残疾儿童离开学校。特殊教育资源分布的极不均衡是连片特困地区残疾人受教育排斥的重要原因。而对于生活在广大农村地区的残疾人来说，特殊教育鞭长莫及，加上家庭生活困难，其家人更是不可能承担得起上学的时间、精力与经济成本，他们往往要面对无学可上、彻底无书可念的残酷现实。

（二）就业排斥

残疾人的就业现状呈现完全的一边倒形势，甚至一些本该录用有工作能力残疾人起模范带头作用的领域也排斥残疾人。残疾人就业受排斥的表现之一是残疾人有部分劳动能力，但用人单位完全不给其机会。

我曾当过兵，部队在北京搞建设的时候，肋骨被弄断了两根，当时在北京301医院医治了半年。后来好点了就回到了老家，民政部门给了3000多元钱。回家后无法参加地里的劳动，只能简单做做家务，心理压力特别大。在部队的时候我学会了开车，回家后曾到出租车公司找工作，虽然开车没什么问题，但人家硬是没要我，我也没什么办法。最后在民政部门的帮助下我找了一份清洁卫生的工作，每个月有650元钱。但后来单位又将我辞退了，现在已经有一年多没工作了，没钱过日子。（E14）

残疾人就业受排斥的表现之二，是残疾人虽然身体有部分残疾，经过治疗做一些工作是可以的，在就业中也可能得到一些机会，但往往会因为公司顾虑重重而工作不稳定。

残疾之前，我一直在广东东莞的一家鞋厂打工。2004年的一天，我在去上班的路上被车撞了，那车子从我的一条腿上轧过，骨头都被压碎了。当时没有工伤险，肇事司机逃跑了，所有的治疗费用都由我自己承担。不仅花光了所有的积蓄，还借了很多钱。后来安了个假肢，花了四五万元钱，假肢可以用十年左右，还可以更换。后来我还到原来那个鞋厂找过工作，老板看我的手还是一样麻利，之前我在厂里也干得不错，当时老板说让我干一个月试试。一个月试用期满后说不要我。后来我还去了制衣厂、制伞厂找过工作，有的也给让干过一两个月，但因为我一只脚残疾，最终都没有要我。当时我非常不能接受这样的现实，丈夫陪着我走出阴影，回到家里后贷款做点小买卖，卖农药、种子、化肥等，做了有一两年了，货都是送上门的。（B03）

访谈中也有残疾人反映政府在就业方面的支持不足。

我基本上帮家里面做饭做家务，平时也去台江县城做临时工，做私人房屋维修，干散活，在供销社也做合同工。其实我特别想找（一份稳定的）工作，申请县劳动就业局的就业支持，希望得到就业帮助，我觉得政府的扶贫政策是应该（帮助残疾人就业）的，对农村家庭来说光有生活补贴资金是不够的，我更希望政府帮助我解决就业问题，找个工作，自食其力。（A07）

以前政府安排我打扫卫生，每月的收入为650元，但现在已有一年不工作了，没法挣钱了。民政部门都挺好的，经常来看望我，不过我觉得政府帮助的效果不是太好，因为这并不能保证我们老两口的基本日常生活。我们家三个人有低保，每个月有570元钱，我还有军人优待，350元钱。我最大的困难是药费不能报销，都是自费，希望残联能够给自己的老伴介绍一份工作。（E14）

（三）婚姻排斥

婚姻家庭生活在社会生活中占有重要地位，残疾人在身体和精神上都更加需要婚姻家庭生活，需要家人的陪伴与呵护，不过调查发现连片特困地区残疾人在婚姻方面遇到一些排斥。这些地区的残疾人在婚姻上或多或少受到了挫折。

小时候被"大床"别了一下致残，父母亲去世了，哥哥和嫂嫂都是残疾人，生活也不好，我现在60岁了还是一个人，像我这样的人在娶媳妇这方面一直有压力。（C10）

家里的大女儿是先天残疾，她眼睛完全看不见，没有上过学，无劳动能力，我们也给她相过亲，但是人家看不上，对此我们非常无奈。希望有人能够帮助她早日成家，这样我们也就放心了。（E11）

除了上述情况以外，还有部分人未婚的原因是受家中残疾人的拖累。

> 我是肢体残疾，口吃，说话吃力，现在还未结婚。我有一个弟弟腰痛，直不起腰，无法干农活。老大和老小有劳动能力，但因为没有技术，外出打工困难。家里的收入很少，家里穷，我花钱又多，女方看不上，我的三个兄弟也都未结婚。我花钱太多，导致家中几个兄弟无法结婚，我感到很内疚。（A05）

还有少数残疾人成家后因被配偶瞧不起而离婚。

> 7岁时我因病致残，走路都很困难。11岁时到凯里治疗做手术，手术很成功，但现在我的脚还是有些跛，好在基本上能够正常走路。父亲给我买了一个相机（800元）学习照相，照相馆说我照相很好，后来我走出村寨去村里给农民照相。经过7年，我觉得自己太累了。18岁的时候，我回到县城修鞋，跟着一个师傅学，做了6年，自己养活自己。修鞋时我结婚了，但因为我走路不方便，老婆看不起我。3年后，老婆与我离婚了。（A09）

> 20年前搞建筑时摔断手脚，受伤致残时已经结婚。残疾后，妻子与我离婚。后来再婚，又离婚。现在仍然单身。（B02）

一方面，残疾人自身的残疾，生存能力不强，生活自理的不便，家庭经济的贫困，都是其在婚姻方面不可忽视的限制因素。而其中残疾和贫困这两大因素相互叠加，更加恶化了连片特困地区残疾人获得幸福婚姻的内在条件。另一方面，把残疾人当成负担的社会观念阻碍了残疾人的正常婚姻。当前的婚姻观趋向物质化，人们寻找结婚对象时往往把财产、地位等作为首要考量因素。我国长期以来男女比例不均衡，男多女少的现实情况（据调查，连片特困地区的残疾人也是男多女少）也加重了男性残疾人婚姻的困难。

（四）社会参与排斥

相较于普通人，残疾人很少参与日常社会活动。造成这种现象的原因主要有自身和外界两个方面。

从残疾人自身角度来说，他们出去自由活动、获取信息资源都不太方便，这是受身体客观条件所限。

> 远距离的活动我不行，近距离的我只能逛一下隔壁邻居家。平时我很少离开村子到外面去，一般只能待在家里，看看电视。其他都没什么机会与外面接触，光靠家人带回来一些外面的信息。（C01）
>
> 1992年青光眼导致我的眼睛看不见，后来做过手术了也没治好。眼睛坏了之后，我最远只去过乡里，大多时候都是待在家里。（E10）

造成残疾人社会参与排斥的主因在于外界。其中社会上对残疾人的不正确认识是关键性因素。连片特困地区的社会交往圈子小，处于熟人社会的状态，这对残疾人的社会融入是一个有利条件。但是连片特困地区往往处于一种封闭或半封闭的状态，受传统残疾人观的影响较大，残疾人被视为另类，人们心理上对残疾人有一种排斥感，在行动上表现为对残疾人的忽视、瞧不起、冷嘲热讽，甚至恶言恶语。

> 残疾后家人对我挺好的，关系很和谐，但邻里乡亲中有些人瞧不起残疾人家庭。（A07）

现在农村的人都是自己顾自己，大家生活条件都不是很好，没有精力来给我们家帮忙。在与邻居交往之中我们也会听到一些难听的言语，心里感到有一些压力。（C06）

我和一些邻里的关系不错，但和一些邻里的关系不是很好。自己做生意，有生意来往时，邻居不愿意我在他们的家门口等车，我做生意要做广告牌，邻居也不愿意让我打广告牌，有些邻居甚至都不让我从他们家门口路过。关系比较好的几个，帮忙不是很多，只是偶尔会有一两次吧。亲戚会过来看我，但只是限于聊天。（D10）

残疾人自身身体或精神方面存在缺陷，这不仅给其参与一般社会活动带来了身体上的障碍，也为其心理上带来了不小的负担。在现实生活中，由于被尊重程度不够和支持、理解、帮助等方面的缺失，与正常人相比，残疾人与人交流和沟通的意愿非常低。从社会方面来看，整个社会对残疾人存在不同程度的偏见和误解，这直接导致人们与残疾人交往的减少或拒绝和残疾人交往。而对于连片特困地区来说，这些地区原本就落后一些，日常社会活动较少，无障碍设施建设不到位，这更加限制了残疾人的社交活动。连片特困地区通信网络建设也相对滞后，导致当地残疾人的网上社会交往活动也非常稀少。

四　结论及进一步分析

（一）基本结论

我们访谈的五个地区均为经济比较落后、资源比较匮乏的连片特困地区，这些地区的残疾人不仅在生理、心理、经济上具有脆弱性，还受到严重的社会排斥——残疾儿童的入学率低，受教育程度低；劳动年龄段残疾人就业率低，就业面窄，就业层次低；适龄残疾人有较高的单身比例，生活无助；社会参与程度低。

研讨》2008 年第 9 期。

[11] 胡彬彬：《从社会公正看残疾人的社会排斥》，《湖北社会科学》2008
　　　年第 6 期。

[12] 颜玖：《访谈法在社会科学研究中的应用》，《北京市总工会职工大学学
　　　报》2002 年第 2 期。

第八章
连片特困地区残疾人反贫困
现状与挑战

　　经过 30 年的扶贫开发，中国农村残疾人反贫困工作已有良好效果。但农村残疾人贫困分布正在发生变化，由原来大范围的面状分布逐步转变为零散的点状分布，农村残疾人的贫困形态也由"缺衣少食的贫困"向"缺少发展机会"转变。在连片特困地区，因贫困更具复杂性、贫困成因各不相同，反贫困任务依然艰巨。而生活在 14 个集中连片地区的近 424 万贫困残疾群体因其生活状况与一般贫困人口的生活状况相差巨大，且呈高度分散的点状分布，在片区内分布的贫困残疾人不足农村残疾人贫困人口的 20%，即使采用整村推进的区域瞄准方式也仍然会遗漏一些残疾人，连片特困地区农村残疾人成为扶贫开发工作中的重点和难点，连片特困地区残疾人反贫困任务面临更多挑战。

一　农村残疾人反贫困进展

　　早在 20 世纪 80 年代，我国政府就开始关注农村残疾人扶贫工作，并制定了一系列政策，采取了一系列措施，收到了良好效果。

（一）农村残疾人扶贫开发

　　1986 年，中国政府确定了开发式扶贫方针，在全国范围内实施以解决贫困人口温饱问题为主要目标的有计划、有组织的大规模扶贫开发。同年成立国务院扶贫开发领导小组具体负责农村扶贫事务。虽然在扶贫开发之初，我国并未制定专门的农村残疾人扶贫开发政策，但是残疾人已成为扶贫开发重点人群之一。从1992 年起，国家设立康复扶贫贷款，专门用于残疾人扶贫。在扶贫开发过程中，政府注重通过实用技术培训、小额信贷、扶持扶贫基地、危房改造等多种措施，提升残疾人的就业能力，农村残疾人家庭收入稳步提高，生活状况明显改善。《农村残疾人扶贫开发计划（2001—2010 年）》实施的 10 年间，通过各种方式累计扶持的农村残疾人达到 2015.7 万人次，1318 万名残疾人摆脱贫困，54.6 万个农村贫困残疾人家庭通过"中央彩票公益金农村危房改造项目"改善了居住条件，868 万名贫困残疾人接受农村实用技术培训[①]。

　　2012 年 1 月，国务院办公厅印发《农村残疾人扶贫开发纲要（2011—2020 年）》，提出 2011—2020 年农村残疾人扶贫开发的总体目标：到 2015 年，农村残疾人生活总体达到小康，基本生活得到稳定的制度性保障，参与社会和自身发展状况显著改善；农村残疾人社会保障体系和服务体系基本框架建立，保障水平和服务能力明显提高。到 2020 年，稳定实现农村残疾人不愁吃、不愁穿，全面保障平等享受基本医疗、基本养老、教育、住房和康复服务。农村残疾人家庭收入达到或接近当地平均收入水平，基本公共服务覆盖农村残疾人并不断提高水平，残疾人生存有保障，生活有尊严，发展有基础。与以往残疾人扶贫政策相比，此次发布的《农村残疾人扶贫开发纲要（2011—2020 年）》有两个显著变化：（1）首次以国务院办公厅的名义发布残疾人扶贫文件，表明了政府对残疾人扶贫工作的高度重视，有利于协调各部门残疾人扶贫工作，理顺管理体制，整合扶贫力量，提高扶贫效率。（2）首次列出了具

---

① 《国务院办公厅关于印发农村残疾人扶贫开发纲要（2011—2020 年）的通知》（国办发〔2012〕1 号）。

体评估指标，便于考核各部门、各级政府残疾人扶贫工作，防止残疾人扶贫走过场；也有利于各部门、各级政府按照指标分步骤、有重点、分阶段贯彻实施残疾人扶贫工作，增强了文件的可操作性。

目前，农村残疾人的扶贫项目主要有以下几个方面。

一是康复扶贫。康复扶贫贴息贷款是国家专项用于残疾人扶贫的信贷资金。1992 年国家开始设立康复扶贫贷款，中央每年安排一定数量的贷款计划专项扶持农村贫困残疾人开展种植、养殖和加工业的生产项目。与此同时，地方按照有关规定需要筹集一定数量的配套资金，专项用于残疾人扶贫。康复扶贫贴息贷款对象仅限于农村贫困残疾人。针对康复扶贫贴息贷款的贷款利率，中央财政给予贴息，贫困残疾人得到贷款扶持的同时还将享受国家给予贷款利率的优惠。自 2011 年开始，中央安排康复扶贫贷款指导性计划每年不少于 10.3 亿元，中央财政在贴息期内，项目贷款按年利率 5% 给予贴息，到户贷款按年利率 7% 给予贴息。有些省在中央贴息的基础上再贴息，实现贫困残疾人农户的无息贷款。康复扶贫贷款的贷款方式主要有两种，即信用贷款和担保贷款。

二是阳光助残扶贫项目。阳光助残扶贫项目的主要形式是建立农村残疾人扶贫基地。农村残疾人扶贫基地具有生产、培训、示范、帮扶、创收、就业、扶持带动一体化的功能，农村残疾人扶贫基地政策主要是通过对扶贫基地给予政策扶持、信贷资金注入、扶贫贷款贴息等服务方式，帮助扶贫基地增强竞争力、改善生产经营环境、提高经济效益、安排扶持更多残疾人。目前，全国已建立了 4000 个残疾人扶贫基地，每年安置带动近 24 万贫困残疾人发展生产。阳光助残扶贫项目的另一种形式是"阳光大棚"助残项目，这项工作旨在依托当地优势产业，整合资金，扶持残疾人家庭就地就近开展设施农业，庭院经济等各种生产经营项目，拓宽扶持的手段。

三是农村残疾人实用技术培训。为了提高农村贫困残疾人发展生产的能力，使其掌握一门实用技术，中央对中西部地区开展农村贫困残疾人实用技术培训给予补助。政府举办或补助的面向"三农"的培训机构和项目优先培训残疾人；实施"阳光工程"和"雨露计划"，培训残疾人或残疾人家庭成员；以市场需求为导向，开展不同类别的残疾人专项实用技术培训，确保每个贫困残疾人家庭至少一名劳动力掌握一两门实用增收技术，强化培训后就业和创业扶持服务。

经过 20 多年的扶贫，农村残疾人及其家庭贫困状况得到缓解，2001—2010 年，通过残疾人扶贫开发，解决了近 1300 万农村贫困残疾人的贫困问题。随着农村残疾人口数量的逐年减少，农村残疾人贫困分布正在发生变化，由原来大范围的面状分布逐步转变为零散的点状分布。在 14 个集中连片地区生活着近 424 万贫困残疾人[①]，他们的生活状况与一般贫困人口的生活状况相差巨大，是扶贫开发工作中的重点和难点。与贫困人口面状分布不同的是，贫困残疾人呈高度分散的点状分布，在片区内贫困残疾人本就不足农村残疾人贫困人口的 20%，近 80% 的贫困残疾人分布在国家集中连片特困地区之外。

而且，农村残疾人的贫困形态也由"缺衣少食的贫困"向"缺少发展机会"的贫困转变。目前多数农村残疾人基本生存已经得到保障，生活水平也在逐渐提高；加入社会保险的比例逐步上升，残疾人面临的风险日益减少。《2012 年度中国残疾人状况及小康进程监测报告》数据显示：2012 年，残疾人生活情况在很大程度上逐步转好，尤其是在收入水平和社会保障、社区及康复服务等方面。农村残疾人家庭的人均可支配收入已达到 6971 元，残疾人小康实现程度接近 70%，农村残疾人群参加新农合的覆盖范围达到 97%[②]。而目前我国贫困残疾人面临的困难主要是在身体方

---

① 中国残疾人联合会，http://www.cdpf.org.cn/ggtz/content/2013 - 09/03/content_30450928.htm。

② 《2012 年度中国残疾人状况及小康进程检测报告》。

面、文化教育方面、劳动就业方面、社会地位方面、生活状况方面、社会环境方面。因此残疾人的需求也主要包括：康复需求、教育需求、就业需求、外部环境保障需求、基本生活保障需求①。第二次全国残疾人抽样调查表明：只有 35.6% 的残疾人群接受过医疗服务与救助；12.5% 的残疾人群得到过生活救助或扶持，而得到康复训练服务、辅助器具的配备与服务的残疾人群的占比均不足两位数。目前在残疾人中，72.8% 有医疗服务与救助的需要；38.6% 有辅助器具的需要；27.7% 有康复锻炼和服务的需要②。对五个贫困县的近 2500 个残疾人的调查显示：处于适龄入学阶段的青少年儿童中有 44.1% 的残疾儿童并未入学接受教育，近 90% 的残疾人认为其与村民的交往状况一般，只有 20.98% 的残疾人经常得到村民的帮助③。由此可见，目前我国残疾人的贫困状态呈现缺乏康复、教育、社会融合、机会的新趋势。

（二）农村残疾人社会保障和服务体系建设

自 20 世纪 90 年代以来，中国农村社会保障体系逐步完善，相继建立了农村医疗救助、农村新型合作医疗制度、农村最低生活保障制度、城乡居民养老保险制度、农村五保供养制度。在实施农村社会救助制度的过程中，各地相继出台优惠政策，采取单独施保的办法，将残疾人纳入社会救助范围，部分地区还将重度残疾人全数纳入低保范围，对纳入城乡医疗救助范围的残疾人，提高救助标准和封顶线。在实施农村新型养老保险、农村新型合作医疗制度的过程中，多数地区采取资助参保的办法，提升了残疾人参保比例，这在一定程度上缓解了残疾人的贫困问题，降低了他们身陷贫困的风险。针对残疾人的特殊需求，越来越多的省市

---

① 管亮：《残疾人特殊性及其需求分析》，《社会工作》下半月（理论）2009 年第 4 期。

② 整理第二次全国残疾人抽样调查数据得出。

③ 内部材料。

建立了农村困难残疾人生活补贴制度、农村重度残疾人护理补贴制度，极大地减轻了贫困残疾人家庭的生活压力。2008 年出台的《中共中央国务院关于促进残疾人事业发展的意见》在促进了农村残疾人社会保障体系建立方面，起到了非常重要的作用。

目前，对农村残疾人影响较大的社会保障制度主要有以下三方面。

一是最低生活保障。2004 年 10 月 17 日，国务院转发民政部等九部门《关于进一步加强扶助贫困残疾人工作的意见》，要求"有条件的地区可按照分类救助的原则，适当提高重度残疾、一户多残等特困残疾人的社会保障水平"。在最低生活保障制度实施过程中，部分地区对特殊困难的残疾人按照残疾程度不同，给予不同的保障水平；一些地方扩大保障救助范围，将一户多残，老残一体，孤残家庭，丧失劳动能力、生活不能自理的特困残疾人纳入救助范围；对于没有工作的精神病残疾群体以及重度智力残疾群体，为其提供生活保障、定期补助救助金来保障其基本生活。

二是残疾人"两项补贴"，即困难残疾人生活补贴和重度残疾人护理补贴。目前，有一半的省市已建立了上述两项制度，从现有的制度看，困难残疾人生活补贴的保障对象主要是享受最低生活保障的家庭及低保边缘户。重度残疾人护理补贴对象通常为一、二级残疾人，但各地规定有所不同，如《江苏省残疾人护理补贴发放管理办法》规定，一级肢体和视力重度残疾人和一、二级智力，精神重度残疾人，为护理补贴发放对象。

三是社会保险参保补助。国务院办公厅转发中国残联等部门和单位《关于加快推进残疾人社会保障体系和服务体系建设指导意见的通知》（国办发〔2010〕19 号）要求：对符合条件的贫困残疾人参加社会保险按规定给予政府补贴。按规定落实残疾人相关社会保险补贴和城镇贫困残疾人个体户缴纳基本养老保险费补贴政策，落实贫困残疾人参加城镇居民基本医疗保险、新型农村合作医疗以及农村重度残疾人参加新型农村社会养老保险个人缴费部分的政府补贴。《国务院关于开展城镇居民基本医疗保险试点的指导意见》（国发〔2007〕20号）规定："对属于低保对象的或重度残疾的学生和儿童参保所需的家庭缴费部分，政府原则上每年再按不低于人均10元给予补助，其中，中央财政对中西部地区按人均5元给予补助；对其他低保对象、丧失劳动能力的重度残疾人、低收入家庭60周岁以上的老年人等困难居民参保所需家庭缴费部分，政府每年再按不低于人均60元给予补助，其中，中央财政对中西部地区按人均30元给予补助。"

随着中国经济持续快速发展，农村地区的教育体系、基层医疗卫生服务体系、信息服务体系等都有了较大程度的完善。针对残疾人特殊需求，农村地区的残疾人服务体系也相继建立并逐步完善。国家加大了农村地区特殊教育的基础设施投资，资助残疾儿童接受普惠性学前教育，为高中阶段残疾人提供免费教育，制定残疾学生特殊学习用品、教育训练、交通费等补助政策。部分省市为农村贫困残疾人、重度残疾人提供基本康复服务，补贴他们需要的基本辅助器具配置，有些地区甚至免费发放辅助器具；全国加强了残疾预防工作，提供新生儿免费筛查服务；农村残疾人托养服务也得到较快发展，部分地区重度残疾人能够进入养护机构并获得政府提供的护理补助。目前，对残疾人反贫困影响较大的服务项目主要有两个。

一是0—6岁残疾人儿童抢救性康复项目。2009—2011年，中央财政安排专项补助资金，支持各地实施"贫困残疾儿童抢救性康复项目"，资助对象为符合条件的城乡有康复需求的贫困残疾儿童，其中优先资助城乡低保家庭的贫困残疾儿童。资助范围和资助内容如下：（1）视力残疾儿童：为贫困视力残疾儿童配发助视器。（2）听力语言残疾儿童：为贫困聋儿购置配发人工耳蜗，并补贴人工耳蜗手术和术后康复训练经费；为贫困聋儿购置配发助听器并补贴康复训练经费。（3）肢体残疾儿童：为贫困肢体儿童配置矫形器、轮椅、坐姿器、站立架、助行器等辅助器具；为贫困肢体残疾儿童提供康复训练经费。（4）智力残疾儿童：为贫困智力残疾儿童提供康复训练经费。（5）孤独症儿童：为贫困孤独症儿童提供康复训练经费。

二是"彩金"项目。2006—2010年，由中国残联组织实施"残疾人事业专项彩票公益金康复项目"。救助对象为城乡有康复需求的贫困残疾人，对家庭人均收入低于当地城乡居民最低生活保障线或农村领取社会救济金家庭的残疾人优先资助。资助范围：为贫困残疾人配发用品用具和助视器；为贫困聋儿购置配发助听器、电池，制作耳模，并补贴康复训练经费；为贫困精神病患者提供医疗救助；为肢体残疾儿童和麻风畸残者实施矫治手术，并配置辅助器具、进行康复训练。

但是，相较于农村残疾人的需求，目前的社会保障体系还有待进一步完善。受财政的约束，农村最低生活保障范围有限，部分困难残疾人及其家庭成员未能纳入最低生活保障范畴，多数农村残疾人的生活依然依靠家庭其他成员的供养[1]。本次调查数据显示：超过30%的农村贫困残疾人家庭中无一人享受低保，享受低保的残疾人中近90%的残疾人月人均低保额在30—120元；而参加新农保的残疾人中，超过95%的残疾人个人缴费在100元及以下。此外，部分地区新农合设立的报销门槛高，报销比例低，导致他们在医疗支出方面的负担过重。《2012年度中国残疾人状况及小康进程监测报告》显示，农村残疾群体在医疗保健方面的支出占自身全部消费支出的17.0%，是全国农村居民平均水平的3倍[2]。目前我国针对贫困残疾人的特殊保障项目还十分有限，缺乏针对贫困残疾人的特殊需求而建立的特殊社会保障制度。这些特殊保障项目基本上依附于其他社会保障制度，保障水平较低，保障力度还很不足。

---

① 《2012年度中国残疾人状况及小康进程检测报告》。
② 《2012年度中国残疾人状况及小康进程检测报告》。

二 连片特困地区反贫困任务艰巨

（一）连片特困地区贫困具有复杂性

连片特困地区的类型有较大差别，贫困表现形式、贫困致因等也各不相同。

首先，考察贫困成因。在 14 个连片特困地区中，有些属于资源约束型贫困，如六盘山山区、石漠化区、青藏高原、黄土高原；有些则属于资源丰富但开发不足型贫困，如武陵山区、大别山区；有些属于生产性贫困，表现为产业结构单一，尤其是农业占比过大；有些属于主体性贫困，表现为人力资本低，健康、知识、能力等制约了自身发展；有些属于政策性贫困，表现为受政策制约，发展处于自然或无序的状态，甚至是为政府制定的倾向性政策付出更多的代价。

其次，分析贫困表现形式。有些片区以消费型贫困为主要表现形式，有些片区以收入型贫困为主要表现形式；不同片区残疾人的贫困深度也不同，有些片区以相对贫困为主，绝对贫困正在逐步消除，有些片区仍然处于绝对贫困状态；在贫困致因上各片区也有区别，有些片区残疾人贫困的主因是资源的匮乏，有些片区则是人力资本开发不足，等等。这些因素导致了连片特困地区反贫困的复杂性。

最后，考察文化习俗。14 个连片特困地区是我国少数民族集中居住的地区，各民族形成了独具特色的文化。如西藏与四省藏区宗教文化氛围基本相同、生态条件相似、发展基础和发展水平相差不大，尤其是藏族文化特征突出，如藏语、藏文、藏传佛教、藏式建筑、藏医药、藏家禽等；南疆三地州以维吾尔族为主，另有柯尔克孜族、塔吉克族等 20 余个少数民族，少数民族占总人口的比重超过 90%。滇西地区则呈现多民族混居状态，汉族与少数民族几乎相当，汉族与彝、傣、白、景颇、傈僳、拉祜、佤、纳西、怒、独龙等 25 个少数民族世代居住于此，这些少数民族中，有 15 个云南独有少数民族、8 个人口较少民族，他们都有各自的文化和生活习俗，文化多样性非常明显。在武陵山区，有土家族、苗族、侗族、白族、回族和仡佬族等 9 个世居少数民族，片区民族融合和文化开放程度高，内外交流不存在语言文化障碍，片区内形成了以土家族、苗族、侗族、仡佬族文化为特色的多民族地域性文化，民俗风情浓郁，民间工艺和非物质文化遗产十分丰富。滇桂黔石漠化地区也是一个具有民族文化底蕴的片区，民俗风情浓郁，民间工艺丰富，侗族大歌和壮锦、苗族古歌、布依族八音坐唱等非物质文化遗产丰富多彩。区域与人文的叠加增强了连片特困地区反贫困的难度，不仅要求在反贫困中保护生态的多样性，也要保护文化的多样性。

连片特困地区自身发展能力弱，面临的反贫困任务重（见表 8 - 1）。从部分关键性指标看，如按照 2300 元的扶贫标准，六盘山区 2011 年区域内扶贫对象为 642 万人，贫困发生率 35%，高出全国 22.3 个百分点。按照 2300 元扶贫标准，滇桂黔石漠化地区 2011 年区域内扶贫对象为 816 万人，贫困发生率 31.5%，高出全国平均水平 18.8 个百分点；部分贫困群众住房困难，权权房、茅草房比例高，人畜混居现象突出。按照 2300 元扶贫标准，滇西地区 2011 年区域内扶贫对象有 424 万人，贫困发生率为 31.6%，高出全国 18.9 个百分点。面临数量如此之多的贫困人口，政府反贫困任务非常艰巨，连片特困地区的农村贫困残疾人因其人数少而易被忽略。

表 8 - 1　11 个连片特困地区基本情况比较

片区	农村贫困人口数量（万人）	人均地方一般财政预算收入（元）	人均地区生产总值（元）	农民人均纯收入（元）
罗霄山片区	97.1	621.9	10614.0	3175.4
大别山片区	236.8	279.6	9056.3	4275.9

续表

片区	农村贫困人口数量（万人）	人均地方一般财政预算收入（元）	人均地区生产总值（元）	农民人均纯收入（元）
吕梁山片区	62.3	365.7	9839.2	3340.5
燕山－太行山片区	70.9	487.8	11914.8	3408.0
大兴安岭南麓片区	67.6	406.7	13388.8	3908.5
滇西边境片区	157.0	736.3	10994.1	3306.0
六盘山片区	313.1	328.9	9621.8	3255.0
滇桂黔石漠化片区	324.4	579.0	9708.0	3481.0
秦巴山区	302.5	455.2	11694.0	3978.0
乌蒙山片区	259.4	467.0	7195.0	3248.0
武陵山片区	301.8	无数据	无数据	3499.0

注：表中数据为 2010 年数据，根据 11 个片区区域发展与扶贫攻坚规划整理而得。贫困人口数据根据 1274 元的标准测算而得到，其中武陵山片区的贫困人口是根据 2009 年 1196 元的标准测算得到。

（二）五个片区贫困成因各不相同

台江县、洞口县、新蔡县、米脂县和平昌县分别属于 14 个集中连片地区的石漠化片区、武陵山片区、大别山片区、吕梁山片区和秦巴山区。这些片区各有特点，贫困程度也有所不同。

石漠化与贫困之间存在互为因果的关系，人多、地少和贫困引发石漠化，而石漠化又进一步加剧贫困。滇桂黔石漠化片区是全国 14 个片区中扶贫对象最多、少数民族人口最多、所辖县数最多、民族自治县最多的片区。区域内有国家扶贫开发重点县 67 个，人口密度每平方公里高达 217 人，相当于全国人口密度的 1.52 倍，极易产生对生态资源的破坏。2010 年，1274 元扶贫标准以下的农村人口有 324.4 万人，贫困发生率高达 11.1%，比全国平均水平高 8.3 个百分点，比西部地区平均水平高 5 个百分点。按照 2300 元的扶贫标准，2011 年区域内（不含百色市右江区、田东县、平

果县，河池市金城江区、南丹县、天峨县，凯里市，兴义市，六
盘水市钟山区，都匀市，文山市）扶贫对象为 816 万人，贫困发
生率 31.5%，高出全国平均水平 18.8 个百分点。农村居民人均纯
收入仅相当于全国平均水平的 58.8%。部分贫困群众住房困难，
权权房、茅草房比例高，人畜混居现象突出①。

武陵山区总面积 11 万多平方公里，人口超过 2300 万，其中少
数民族接近一半，以土家族、苗族、侗族为主体。武陵山区群峰
连绵，沟壑纵横，山地丘陵面积占全区总土地面积的 95% 以上，
垦殖指数仅为 10% 左右。受交通等因素的制约，武陵山区经济发
展一直比较落后，集老、少、边、穷于一身，片区 71 个县（市、
区）中有 42 个国家扶贫开发工作重点县，13 个省级重点县。1986
年初，在武陵山区四地州 1100 万人口中，有 721 万人生活在衣不
遮体、食不果腹、房不避风雨的贫困线上，贫困发生率在 60% 以
上。2010 年，农民人均纯收入 3499 元，仅相当于当年全国平均水
平的 59.1%。2009 年，农民人均纯收入低于国家扶贫线（1196
元）的人口达到 301.8 万人，贫困发生率 11.21%，比全国高 7.41
个百分点②。

大别山区具有很好的区位优势，但大别山区内部贫困问题相对
突出，主要表现为自然地理环境脆弱、人力资本低、公共基础设施
供应不足、公共服务能力较低，区域发展能力不足。基于 14 个连片
特困地区的对比，大别山区经济发展总体水平，经济结构及基本教
育发展最差③。大别山片区人地矛盾十分突出，片区每平方公里有
户籍人口 548 人，位居 14 个片区之首。人均耕地和人均林地面积
仅为全国平均水平的 99.6% 和 22.5%，农业就业容量小，农村劳

① 《国务院扶贫办 国家发展改革委关于印发滇桂黔石漠化片区区域发展与扶贫攻
坚规划的通知》（国开办发〔2012〕54 号）。
② 《国务院扶贫办国家 发展改革委关于印发武陵山片区区域发展与扶贫攻坚规划
的通知》（国开办发〔2011〕95 号）。
③ 丁建军：《中国 11 个集中连片特困区贫困程度比较研究——基于综合发展指数
计算的视角》，《地理科学》2014 年第 12 期。

动力转移就业压力大，经济社会发展受土地制约明显。2010 年，
1274 元扶贫标准以下的农村人口有 236.8 万人，占全国扶贫对象
总数的 8.8%；按照 2300 元的扶贫标准，2011 年片区内扶贫对象
为 647 万人，贫困发生率为 20.7%，高出全国 8 个百分点①。

　　吕梁山区是著名的革命老区，有着得天独厚的资源优势，尤
其是矿产资源丰富，但水资源短缺、水土流失严重。由于植被覆
盖率低，水源涵养性差，易造成极度干旱，"十年九旱"是此地的
真实写照。水土流失破坏了农业发展的物质基础和生态条件，而
人口压力和不合理的开发活动加剧了这一恶性循环的速度和程度，
成为当地贫困的主要原因。2010 年，1274 元扶贫标准以下的农村
人口有 62.3 万人，贫困发生率为 18.3%，高于全国平均水平 15.5
个百分点；按照 2300 元的扶贫标准，2011 年片区扶贫对象有 104
万人，贫困发生率为 30.5%，高出全国 17.8 个百分点②。在 14 个
连片贫困区域中，吕梁山区在第二、三产业占比，城镇化率等 10
项指标中排名前三③。劳动力大量从农村转向城镇，致使农村地区
更为贫困，区域内农村人均纯收入最低，仅为 2742 元④。吕梁山
区生态条件居于倒数第二⑤，资源开采进一步加重了土地和大气污
染，农业生态环境更加恶劣，饮用水匮乏是该地区贫困的突出表
现⑥，而且粗放经济增长方式后劲不足，制约了该地区脱贫。

①　《国务院扶贫办 国家发展改革委关于印发大别山片区区域发展与扶贫攻坚规划
　　的通知》（国开办发〔2013〕17 号）。
②　《国务院扶贫办 国家发展改革委关于印发吕梁山片区区域发展与扶贫攻坚规划
　　的通知》（国开办发〔2013〕16 号）。
③　丁建军：《中国 11 个集中连片特困区贫困程度比较研究——基于综合发展指数
　　计算的视角》，《地理科学》2014 年第 12 期。
④　邢成举、葛志军：《集中连片扶贫开发：宏观状况、理论基础与现实选择——
　　基于中国农村扶贫监测及相关成果的分析与思考》，《贵州社会科学》2013 年
　　第 5 期。
⑤　丁建军：《中国 11 个集中连片特困区贫困程度比较研究——基于综合发展指数
　　计算的视角》，《地理科学》2014 年第 12 期。
⑥　孙秀玲、田国英、潘云、张振、张文丽：《中国农村居民贫困测度研究——基
　　于山西的调查分析》，《经济问题》2012 年第 4 期。

秦巴山区地形复杂，洪涝、干旱、山体滑坡等自然灾害易发多发，是我国六大泥石流高发区之一，因灾致贫返贫现象严重。秦巴片区发展缓慢的另一个原因是环境保护任务重，片区内有42个县属于南水北调中线工程水源保护区，4个县位于三峡库区；片区还承担着生物多样性保护、水源涵养、水土保持和三峡库区生态建设等重大任务，有85处禁止开发区域，有55个县属于国家限制开发的重点生态功能区。目前，秦巴片区国家和省级扶贫开发工作重点县占总县数的90%，有47个老区县，占总县数的58.8%。2010年，1274元扶贫标准以下农村人口有302.5万人，贫困发生率为9.9%，比全国平均水平高7.1个百分点，农民人均纯收入仅相当于全国平均水平的67.2%①。按国家采用的新标准计算，秦巴山区农村贫困发生率超过50%，比全国平均水平高出11.8个百分点。一些特贫地区的贫困发生率高达74.7%，比全国平均水平高出10倍②。区内地形复杂，生态薄弱。片区内人均教育、卫生支出仅相当于全国平均水平的56.8%③。秦巴山区也是文盲、半文盲人口较多，人口科学文化素质较低的地区，妇女的文盲率高达60%④。

三 连片特困地区残疾人扶贫面临的挑战

（一）贫困程度更深

在上述五个片区中，我们分别选择了台江县、洞口县、新蔡

① 《国务院扶贫办 国家发展改革委关于印发 秦巴山片区区域发展与扶贫攻坚规划（2011—2020年）的通知》（国开办发〔2012〕37号）。
② 何平均、李高阳：《浅议新形势下中国财政支农政策选择》，《湖南农业科学》2005年第3期。
③ 《国务院扶贫办 国家发展改革委关于印发 秦巴山片区区域发展与扶贫攻坚规划（2011—2020年）的通知》（国开办发〔2012〕37号）。
④ 席恒、郑子健：《秦巴山区区域社会可持续发展的问题与对策》，《西北大学学报》（哲学社会科学版）2000年第1期。

县、米脂县和平昌县作为调查点。这些调查点具有各自片区的贫困特征，残疾人贫困程度也有所区别。

贵州省台江县是五个县中唯一的少数民族县，残疾人贫困程度在五个县中相对较深。其贫困特征主要表现为以下几个方面。一是残疾人受教育水平低。从五个县的调查看，台江县残疾人受教育文化程度最低，未接受过教育的比例超过一半，远高于其他四个地区；从平均受教育年限看，台江县只有 2.82 年，与平昌县、新蔡县、米脂县和洞口县分别相差 1.08 年、1.12 年、2.16 年和 2.31 年。由于交通不方便，生活贫困，再加上重男轻女现象普遍，少数民族地区学生失学情况严重。二是"一户多残"现象比较严重。在五个调查县，台江县"一户多残"比例最高，为 14.4%。由于医疗条件落后，生育观念落后，再加上地方病比较严重，少数民族地区一户多残的比例高于其他地区，这给少数民族地区的扶贫带来巨大困难。三是台江县残疾人贫困程度深，发展条件最为欠缺。由于台江县多山且石漠化较为严重，残疾人家庭承包的土地是最少的，发展后劲不足。

湖南省洞口县残疾人的住房问题相对较为突出。比较五个县住房类型发现，台江县住房自建的比例最高，处于武陵山区的洞口县最低，两者相差 10 个百分点。就住房的质量看，洞口县残疾人家庭土坯房住户数量仅次于新蔡县，人均住房数量排在倒数第二，没有住房的残疾人比例排在第二位。从残疾人面临的最大困难看，只有洞口县将"住房紧张"排在第一位，其他四个县则把"看病难"和"劳动力短缺"排在第一位。

新蔡县因病致残现象严重，疾病成为导致残疾的最大诱因；重度残疾人居多，一、二级重度残疾人比例占到近 85%，多数残疾人生活不能自理，失去劳动能力的残疾人比例较高。新蔡县长期贫困，有偿献血活动在驻马店市的农村地区流行，一些单位和血液制品企业在河南擅自设立单采血浆站，非法采集原料血浆，违规操作，引起交叉感染，造成部分群众经血感染了艾滋病病毒。

为了治疗艾滋病，绝大多数家庭倾家荡产。艾滋病患者以青壮年人为主，他们是家庭的主要劳动力，感染艾滋病后劳动能力下降，且受到社会歧视，或者失业，或者由收入较高的职业者转变为收入相对较低的农民或无业者，其家庭成员外出打工、参加生产劳动受限，这对艾滋病家庭收入造成了较为严重的影响，并进入"因贫致病"的怪圈。

米脂县是五个县中残疾人贫困程度较轻的县，但是劳动力的缺乏成为阻碍残疾人脱贫的主要因素。本次调查数据表明，米脂县农村残疾人家庭平均劳动力人数为 1.17 个，而全国农村家庭整半劳动力达到 2.8 个（2012 年）[①]。虽然在五个调查县中，其劳动力并不算最少，但是由于家庭劳动力外出比例高、人均承包土地多、机械化程度低等，劳动力短缺问题比较突出。

平昌县农村残疾人的贫困具有综合性的特征。一是婚姻问题突出。在调查的五个县中，平昌县适龄残疾人的未婚比例仅次于台江县，造成这种现象的根源在于：交通不便，许多偏僻村寨与外界通婚的比例低，而本地的适龄女性外出打工多，多数在打工地找男朋友结婚，从而加剧了本地男性残疾人的婚姻问题；残疾人家庭贫困状况较为严重，加上两地农村彩礼盛行，残疾人家庭无力负担，从而错过结婚年龄，并逐步成为"老光棍"。二是医疗问题突出。在五个县中，平昌县的医疗费用支出比例远高于生产经营支出和食品支出，残疾人家庭面临的最大困难，平昌县选择"就医难"的比例甚至比新蔡县还要高，在五个县中排在第一位，也远高于其他困难。三是住房问题突出。平昌县的土坯房在五个县中居第一位。

（二）人力资本开发严重不足

一是残疾等级更重。从总体上看，我国儿童事业发展还不平

---

① 整劳动力指男子 18 周岁到 50 周岁，女子 18 周岁到 45 周岁；半劳动力指男子 16 周岁到 17 周岁，51 周岁到 60 周岁；女子 16 周岁到 17 周岁，46 周岁到 55 周岁，同时具有劳动能力的人。

衡，特别是集中连片特殊困难地区的 4000 万儿童，在健康和教育等方面的发展水平明显低于全国平均水平。由于医疗卫生条件落后，没有建立起完善的残疾预防体系，连片特困地区的残疾儿童出生率要高于其他地区。而且由于没有有效的干预手段，没有建立筛查制度，残疾儿童未能做到早筛查、早发现、早治疗，造成残疾等级加重，残疾人自理能力降低，最终导致家庭进入"残疾—贫困—残疾加重—更加贫困"的恶性循环圈。

二是残疾人人力资本更低。第五次全国人口普查公报显示，普通人群的文盲率只有 6.72%。受自身条件和外界条件的限制，以及社会对残疾人受教育权利的排斥，残疾人文盲率远高于普通人。第二次全国残疾人抽样调查数据显示，15 岁及以上残疾人文盲率达到 43.29%，超过 1/3 学龄残疾儿童未能到普通教育或特殊教育学校接受义务教育，其中多重残疾儿童未接受义务教育的比例达到近 60%。连片特困地区教育水平落后，受教育水平低，文盲、半文盲所占比例较大，一些县的小学文化程度及以上的劳动力不足全县人口的 30%，全县人均受教育年限不到 5 年，不到全国平均水平的一半①。连片特困地区对残疾人的教育投资十分有限，许多适龄残疾儿童处于无学可上的境地。一些贫困县一所特殊学校也没有；即使建起了特殊学校，也因经费不到位，难以招到合格的教师；即使招来了教师，往往因为编制和待遇问题，很快流失。这些原因导致贫困地区残疾儿童的受教育程度普遍偏低。不仅低于所在地区的平均水平，也低于全国残疾人的平均受教育水平。

三是无实用技术。制约连片特困地区发展的一个重要原因是农村劳动力科技文化素质不高，农业生产科技含量低。因此在扶贫开发过程中，政府将加强农民实用技术培训作为扶贫开发的重要手段，投入了大量的人力和财力。中国政府发布的《中国农村

---

① 周猛：《集中连片特困地区的致贫因素和减贫对策探析》，《开发研究》2012 年第 6 期。

扶贫开发的新进展》白皮书指出，2004 年以来，中央政府累计安排财政扶贫资金 30 亿元人民币，实施以劳动力转移为主要内容的"雨露计划"，对贫困家庭劳动力开展务工技能和农业实用技术培训。到 2010 年，培训贫困家庭劳动力超过 400 万人次。从 2010 年开始，国家以促进就业为导向，开展了对贫困家庭的初高中毕业生参加职业教育给予直接补助的工作试点。但是在连片特困地区，由于残疾人文化素质低，接受新技术的能力不强，再加上长期生活在封闭的环境中，缺乏科技意识和市场经济意识，缺少掌握实用新知识、新技术的强烈愿望，学习实用技术的主动性不强，这造成实用技术的脱贫效果不明显。另外，连片特困地区缺乏实用技术培训的基础设施和设备，缺乏实用技术的指导人才，缺少培训经费，一些有接受实用技术培训意愿的农村残疾人无处可学。

（三）生存环境更加恶劣

环境与贫困之间存在显著的因果关系，正如世界银行在《贫困与对策》（1992 年减缓贫困手册）中指出贫困与环境有密切关系。这种关系是双向的：贫困影响环境，环境也影响贫困。研究表明，山区往往因为严酷的气候、稀缺的耕地、不便的交通、封闭的人文等因素导致其发展缓慢，如北美的阿巴拉契亚山区、南美洲的安第斯山、欧亚大陆的帕米尔高原和高加索高原、中国的青藏高原、黄土高原、西南山区等，均是贫困人口比较集中的区域。

目前反贫困的主战场主要集中于 14 个连片特困地区，这些地区多为山区、高海拔地区和生态环境恶化地区，生存环境相当恶劣。如六盘山区曾被联合国世界粮食计划署列为"最不适宜人类生存"的地区之一，十年九旱，人均占有水资源 367.6 立方米，仅为全国平均水平的 16.7%。会宁、同心、循化等 21 个县区年均降水量不足 400 毫米，蒸发量超过 1500 毫米。滇桂黔石漠化片区，集老、少、边、穷于一体，贫困问题与石漠化问题交织，生态环境十分脆弱①；青藏高原、沙漠化区、黄土高原和西南大石山区等自然条件特别恶劣的地区，也是受自然资源约束的特困地区。武陵山区、乌蒙山区、大别山区、罗霄山区自然环境较好，森林覆盖率较高，雨量充沛，但是地少人多，加上退耕还林政策的实施，自然资源很难得到开发利用。黄土高原、新疆南疆地区地多人少，但是自然资源贫乏，干旱少雨，不适合人类生存。大兴安岭南麓山区土地资源丰富，有耕地449.9万公顷、草场286.5万公顷，但长年受风沙之害，土地多沙化，生态环境恶劣，是中国主要的干旱区之一。

因为身体或心理的残缺，残疾人对环境的依赖要远高于普通人群。恶劣的环境不仅降低了他们的移动能力，阻碍了他们获得社会资源，还可能导致残疾发生率的升高和残疾程度的加重。第二次残疾人抽样调查结果显示，四川残疾发生率高达7.57%，排在全国第一位，广西、甘肃、西藏也分别达到7.23%、7.20%和7.00%。另外，自然环境和生活习俗也导致残疾发生率偏高。如51个汶川地震极重灾县和重灾县中有20个分布在秦巴片区，其肢体残疾人所占比例远超其他地区，再加上灾后重建任务繁重，残疾人生存较为艰难。另外，全国45个未控制大骨节病县中有16个分布在秦巴片区，其因病致贫、因贫致残的问题突出。

（四）残疾人事业发展严重滞后

一是经济发展落后，残疾人事业投入非常有限。一些地区经济发展水平较低，产业结构单一，第一产业比例偏高；一些地区缺少带动力强的大企业、大基地和产业集群，产业链条不完整，市场体系不完善，配套设施落后，未形成有效带动经济发展和扶贫开发的支柱产业。多数连片特困地区县域经济缺乏活力，新增就业机会少；市场化程度低，民间投资乏力；科技、金融、信息

① 张立群：《连片特困地区贫困的类型及对策》，《红旗文稿》2012年第22期。

等服务业支撑发展能力弱；农业生产力水平低，经营方式落后，农产品就地转化不足。财政收入来源单一、不稳定，地方财力直接影响了对农村残疾人的反贫困投入。经济发达地区残疾人就业保障金比较充足，对农村残疾人反贫困的投入较大，有效地缓解了残疾人的贫困状况；而在连片特困地区，残疾人就业保障金少，而且主要用于城镇残疾人就业，对农村贫困残疾人的投入极其有限，减贫效果不明显。

二是社会事业发展滞后。受财政制约，连片特困地区人均教育、卫生、社会保障和就业三项支出水平低，农村卫生服务能力弱，妇幼保健水平低，农村基础设施建设滞后，服务功能不完善，辐射带动能力弱。如六盘山区人均教育、卫生、社会保障和就业三项支出仅为 1447.6 元，有合格医生的村卫生室仅为 88.3%。2010 年，滇桂黔石漠化地区人均教育、卫生、社会保障和就业三项支出仅为 1098 元，有 9.7% 的村未建立卫生室，13.5% 的村卫生室尚无合格医生。在残疾人服务体系建设方面，一些区县因经费问题还没有建立特殊学校，残疾儿童无学可上的现象比较普遍；连片特困地区的绝大多数农村处于无康复设施、无康复人才、无康复技术的"三无"状况，多数残疾人从来没有接受过正规的康复服务；连片特困地区的残疾人社会保障体系还处于完善之中，一些地方甚至连基本的残疾人社会救助体系都尚未建立，贫困残疾人的基本生存仍然没有得到保障；农村无障碍环境改造和居家环境改造还没有列入政府的发展规划之中，残疾人的出行遥遥无期。生活在连片特困地区的残疾人，因缺少教育、康复、就业等各方面的机会，再加上社会保障不完善，他们的贫困程度更深，减贫道路更加艰难。

（五）反贫困专业化组织缺乏

随着中国残疾人事业的快速发展，残疾人社会组织也在快速成长。中国残联的调查数据表明，到 2012 年，全国残疾人组织超过 8000 家。但是从性质看，超过 70% 的社会组织属于残联系统，这些社会组织直接从事残疾人服务的比例小。其余 30% 的社会组织，多数由残疾人或残疾人亲友发起，受场地、人才和经费的限制，存在规模小、专业性不强的问题。从业务开展情况看，六成以上的社会组织的服务数量低于 150 人次。国际助残服务组织体系健全，资金雄厚，专业性强，已成为残疾人服务的重要力量。从服务人数看，1/4 的国际助残服务组织的服务数量超过了 1000 人。上述社会组织主要集中于康复类、教育类和就业培训类服务，服务对象主要集中于智力残疾人、肢体残疾人与精神残疾人，在农村地区开展残疾人扶贫的社会组织还很稀缺，而在贫困连片地区开展残疾人服务的组织则更少。

参考文献

[1] 陈艾、李雪萍：《脆弱性－抗逆力：连片特困地区的可持续生计分析》，《社会主义研究》2015 年第 2 期。

[2] 陈琦：《连片特困地区农村家庭人力资本与收入贫困——基于武陵山片区的实证考察》，《江西社会科学》2012 年第 7 期。

[3] 杜金沛、张兴杰：《农村残疾人隐蔽性贫困及社保制度缺陷》，《华南农业大学学报》（社会科学版）2014 年第 1 期。

[4] 共济：《全国连片特困地区区域发展与扶贫攻坚规划研究》，人民出版社，2013。

[5] 黄承伟：《连片特困地区扶贫规划编制理论与方法》，中国财政经济出版社，2011。

[6] 黄承伟、向家宇：《科学发展观视野下的连片特困地区扶贫攻坚战略研究》，《社会主义研究》2013 年第 1 期。

[7] 姜向群、胡立瑗、山娜：《农村残疾人的社会保障状况及社会保障需求》，《人口学刊》2011 年第 3 期。

[8] 李佳：《中国连片特困地区反贫困研究进展》，《贵州社会科学》2013 年第 12 期。

[9] 李俊杰：《集中连片特困地区反贫困研究》，科学出版社，2014。

[10] 李仙娥、李倩：《秦巴集中连片特困地区的贫困特征和生态保护与减贫互动模式探析》，《农业现代化研究》2013 年第 4 期。

[11] 刘筱红、张琳：《连片特困地区扶贫中的跨域治理路径研究》，《中州学刊》2013 年第 4 期。

[12] 刘湘辉、姬冠、孙艳华：《连片特困地区县域经济发展差异综合评价研究——以湘西地区为例》，《经济地理》2013 年第 10 期。

[13] 舒银燕：《石漠化连片特困地区农业产业扶贫模式可持续性评价指标体系的构建研究》，《广东农业科学》2014 年第 16 期。

[14] 唐勇、张命军、秦宏瑶、梅燕：《国家集中连片特困地区旅游扶贫开发模式研究——以四川秦巴山区为例》，《资源开发与市场》2013 年第 10 期。

[15] 万海远、李超、倪鹏飞：《贫困残疾人的识别及扶贫政策评价》，《中国人口科学》2011 年第 4 期。

[16] 王金艳、王丽君：《我国残疾人扶贫开发的进程及经验探讨》，《社会科学战线》2006 年第 5 期。

[17] 汪三贵、张雁、杨龙、梁晓敏：《连片特困地区扶贫项目到户问题研究——基于乌蒙山片区三省六县的调研》，《中州学刊》2015 年第 3 期。

[18] 汪霞、汪磊：《贵州连片特困地区贫困特征及扶贫开发对策分析》，《贵州社会科学》2013 年第 12 期。

[19] 向德平、陈艾：《连结生计方式与可行能力：连片特困地区减贫路径研究——以四川省甘孜藏族自治州的两个牧区村庄为个案》，《江汉论坛》2013 年第 3 期。

[20] 杨立雄、吴伟：《中国残疾人扶贫政策的演变与评价》，《湖南师范大学社会科学学报》2009 年第 1 期。

[21] 张钧、郑晓瑛、陈嵘：《少数民族残疾人的社会经济状况》，《人口与发展》2011 年第 3 期。

[22] 张立群：《连片特困地区贫困的类型及对策》，《红旗文稿》2012 年第 22 期。

[23] 赵莹、刘小鹏、郭永杰：《六盘山集中连片特困地区生态安全评价》，《水土保持通报》2014 年第 2 期。

[24] 周猛：《集中连片特困地区的致贫因素和减贫对策探析——以西藏自治区改则县为例》，《开发研究》2012 年第 6 期。

第九章
连片特困地区残疾人反贫困
政策改进

农村残疾人是农村贫困人口的主要组成部分，也是贫困程度最深的群体，一直是农村反贫困的重点人群。自 20 世纪 80 年代以来，我国制定了一系列的农村残疾人反贫困措施和政策，收到了良好效果，农村残疾人的收入大幅度提升，农村贫困残疾人的数量大幅度减少。但是，相较于普通贫困群体，农村贫困残疾人的减贫效果有待进一步提升。而且随着农村反贫困战场转移到连片特困地区，农村贫困残疾人的反贫困政策也应相应进行调整。

一　正确认识连片特困地区残疾人反贫困形势

（一）准确掌握贫困残疾人的地理分布

经过 30 年的农村扶贫开发，农村贫困人口大幅度减少，农村贫困人口向老、少、边、穷等地区集中，尤其是集中于 14 个连片特困地区。生活在这些区域的残疾人贫困形势更加严峻，但是农村贫困残疾人口的分布与农村贫困人口的分布并不完全一致。也就是说，农村贫困残疾人并没有呈现集中的趋势。

　　造成这种现象的原因主要有三个方面。

　　一是残疾人的分布比较均匀，连片特困地区残疾人数量较少。虽然连片特困地区的自然环境和医疗条件在一定程度上影响了残疾发生率，但是从第二次全国残疾人抽样调查的数据看，落后地区的残疾发生率并不一定就高（见表9－1）。从表9－1可以看出，残疾人主要分布于河南、四川、山东、广东、河北、江苏等省份，这些省份经济比较发达，连片特困地区分布于上述省份的并不多。相反，连片特困地区比较集中的省份，如云南、广西、贵州、重庆、甘肃、西藏、新疆、宁夏、青海、陕西，残疾人口占全国残疾人的比例并不高。也就是说，多数残疾人分布在连片特困地区之外。

表9－1　残疾人口分布和残疾发生率

地区	残疾人数量（万人）	占全国残疾人比例（％）	残疾发生率（％）	地区	残疾人数量（万人）	占全国残疾人比例（％）	残疾发生率（％）
北京市	99.9	1.20	6.49	湖北省	379.4	4.57	6.64
天津市	57.0	0.69	5.47	湖南省	408.0	4.92	6.44
河北省	495.9	5.98	7.23	广东省	539.9	6.51	5.86
山西省	202.9	2.45	6.04	广西	337.5	4.07	7.23
内蒙古	152.5	1.84	6.39	海南省	49.4	0.60	5.95
辽宁省	224.2	2.70	5.31	重庆市	169.4	2.04	6.05
吉林省	190.9	2.30	7.03	四川省	622.3	7.50	7.57
黑龙江	218.9	2.64	5.72	贵州省	239.2	2.88	6.4
上海市	94.2	1.14	5.29	云南省	288.3	3.48	6.46
江苏省	479.3	5.78	6.40	西藏	19.4	0.23	7.00
浙江省	311.8	3.76	6.36	陕西省	249	3.00	6.69
安徽省	358.6	4.32	5.85	甘肃省	187.1	2.26	7.2
福建省	221.1	2.67	6.25	青海省	30	0.36	5.54
江西省	276.1	3.33	6.39	宁夏	40.8	0.49	6.83

续表

地区	残疾人数量（万人）	占全国残疾人比例（%）	残疾发生率（%）	地区	残疾人数量（万人）	占全国残疾人比例（%）	残疾发生率（%）
山东省	569.5	6.87	6.15	新疆	106.9	1.29	5.31
河南省	676.3	8.15	7.2				

数据来源：中央人民政府：《2006年第二次全国残疾人抽样调查主要数据公报》（第二号），http://www.gov.cn/fwxx/cjr/content_1311943.htm，2009年5月8日。

二是残疾人具有普遍贫困的特点。由于残疾人自身的弱势性，他们是所有贫困人群中最为弱势的群体，由于存在普遍的社会排斥，他们获得教育、康复、医疗、就业、社会保障的机会要显著低于其他群体。尤其是难以通过自身的努力在竞争性的市场中获得生存资源，他们当中的一些人只能依赖于家庭成员或社会的支持才能维持基本的生存。然而随着家庭小型化和老龄化速度的加快，家庭成员的支持变得越来越少，而我国农村地区普遍没有建立完善的社会安全网，因而农村残疾人的贫困发生率要远高于普通人群。虽然发达地区的农村开始建立基本的残疾人社会保障制度，但是受财政的约束，保障水平低，保障面窄，多数残疾人还无法通过社会保障获得生存的资源，残疾人离有尊严的生活还有较远距离。所以，发达地区和连片特困地区的残疾人只有贫困程度的区别，而在贫困面上并没有多大的区别。

三是扶贫开发瞄准政策的偏差导致残疾人反贫困效果递减。自1986年我国实施大规模农村扶贫开发以来，一直采用区域瞄准的方法识别贫困人口，即通过对贫困县的政策和资金扶助，帮助区域获得发展，进而带动贫困人口脱贫，这种理论被称为"滴涓效应"。这种瞄准方式在扶贫开发初期取得了良好效果，农村尚未解决温饱问题的贫困人口由1978年的2.5亿减少到2000年的3000万，农村贫困发生率从30.7%下降到3%左右。其中，国家重点扶持贫困县的贫困人口从1994年的5858万减少到2000

年的 1710 万①。然而，随着农村扶贫开发的深入，扶贫开发减贫的边际效应递减，尤其是 20 世纪 90 年代后期，农村脱贫人数增幅显著下降，农村脱贫人数的下降主要在于农村扶贫标准的变化不大，由于扶贫标准并未随着收入和通货膨胀指数进行相应调查，随着农村居民整体收入水平的提升，部分农村贫困人口得以脱贫。然而随着 2011 年大幅度提高扶贫标准，农村贫困人口随之超过 1.2 亿。区域瞄准政策很难照顾到弱势群体，即使采用更小的区域瞄准方式——整村推进，也仍然会遗漏掉残疾人。最终，扶贫之后遗留下来的贫困人员便是老弱病残人员。

（二）准确把握残疾人反贫困的特殊性

一是服务对象的特殊性。农村扶贫对象为贫困户，而残疾人扶贫对象为残疾贫困户。相对于一般贫困户，残疾贫困户具有贫困致因复杂、贫困程度深、脱贫难度大等特点，因而扶贫方式、扶贫力度、扶贫策略等均要有所区别。更为重要的是，经过 20 多年的扶贫开发，农村绝对贫困人口在分布上表现为大分散、小集中态势，且主要集中在一些连片特殊困难地区，而残疾贫困户则呈现高度分散的特征，这是因为残疾人的分布呈现点状分布。虽然从整体上看，连片特困地区残疾人的贫困状况要严重于其他地区，但是所占比例并不高。与少数民族扶贫相比，残疾人的分布也呈现高度分散特征，而少数民族的贫困呈现高度集中的特征。

二是瞄准方式的特殊性。正因为农村扶贫对象呈现集中特征，我国农村扶贫瞄准方式采取瞄准区域的做法。20 世纪 90 年代，为了集中使用扶贫资金，有效地扶持贫困人口，政府制定了国家重点扶持贫困县的标准，确定了一批国家重点扶持贫困县。随后，根据贫困地区的实际情况，扶贫开发着重扶贫到村到户。到 2011 年，根据扶贫形势的新变化，将扶贫的重点转向了 14 个连片特困

---

① 中华人民共和国国务院新闻办公室：《中国的农村扶贫开发白皮书》，2001 年 10 月。

地区。上述瞄准方式符合农村贫困形势的变化，通过整村推进、重点扶贫贫困县以及推进连片特困地区发展，采取开发等措施，使贫困人口集中的地区摆脱贫困，走上自我发展之路，从而达到让贫困地区的贫困人口摆脱贫困的目的。但是，因为残疾人的特殊性，即使这些地区的贫困户脱贫了，也会遗留部分残疾人贫困户，他们往往被扶贫部门所忽略，从而造成他们处于更深的贫困之中。而且，从全国第二次抽样调查结果看，各省市残疾发生率基本没有多大区别，也就是说，残疾人的分布并没有呈现地域性特征，从贫困残疾人的分布看，虽然从总体上看，西北、西南残疾人贫困发生率高，但是由于残疾人的普遍弱势性，东部和中部地区残疾人的贫困发生率远高于一般群体。因此，残疾人扶贫的瞄准不应局限于区域，而应瞄准于家庭。

三是反贫困手段的特殊性。农村扶贫开发的重点在于开发，通过区域发展带动扶贫开发、扶贫开发促进区域发展，通过改善交通、能源等基础设施建设和改善农村基本生产生活条件，促进扶贫工作的开展。2013年，国务院扶贫办、国家发展改革委两部门印发了六盘山区等11个集中连片特困地区的区域发展与扶贫攻坚规划，这些规划主要以区域发展为目标，通过改善交通、加强环境建设、开发旅游资源、提升人力资源、加强社会保障建设等措施，带动区域发展，进而促进贫困家庭脱贫。无疑，这些规划的实施也会使残疾人受益。但是研究表明，"滴涓效应"非常有限，多数残疾人难以通过区域发展改变贫困状况。残疾人扶贫手段则更应强调瞄准家庭且能使他们直接受益的方式，如小额信用贷款、实用技术培训等。

上述残疾人反贫困的特殊性决定了连片特困地区农村残疾人反贫困政策的特殊性，即连片特困地区农村残疾人反贫困政策要符合残疾人的特征，与普通贫困群体的反贫困政策要有区别，政策要做到因人而异；农村残疾人反贫困政策要符合连片特困地区的特征，政策要因地制宜。

（三）坚持精准扶贫，做到"一户一策"

从现有的残疾人扶贫政策看，残疾人特色并未突出，残疾人扶贫手段和措施也未有较大不同。相关部门在进行扶贫时，并不是基于残疾人的差异性而是基于贫困的相同性来设计政策，其扶贫做法可以概括为"一般贫困群体的反贫困政策＋残疾人的更加优惠"，这种政策的针对性差，反贫困效果也差。要使政策有针对性，最重要的是要了解农村贫困残疾人与一般贫困群体的区别，了解他们的反贫困需求与其他群体的差异。

与普通群体相比，农村残疾人具有很强的异质性。这种异质性不仅表现在残疾类型和残疾等级上，还表现在生存层次和生活环境上。这种异质性决定了农村残疾人扶贫不可能采用一两种措施就可以解决大多数残疾人的贫困问题，而要根据不同残疾人的特殊需求和他们自身的特征以及当地的经济社会环境，实施"一户一策"扶贫战略，制定个性化的扶贫方案。

另外，农村贫困残疾人的分布呈现明显的点状分布特征，它包含两层意思。首先，全国农村贫困残疾人的集中度要低于普通贫困群体，也就是说，连片特困地区的贫困残疾人占全国残疾人的比例并不高，根据对集中连片残疾人的分布研究，全国综合排名最低的 600 个县中，连片特困地区涵盖了 521 个，涵盖了中国农村大部分的贫困人口①。按照 2011 年中央的新扶贫标准线 2300 元估算，我国农村贫困残疾群体的数量超过 2500 万，但连片特困区域囊括的贫困残疾人仅 424 万人，超过 80% 的贫困残疾人分布在片区之外。其次，即使在连片特困地区，贫困残疾人也零散地分布于村落之中。这一特征决定了农村扶贫开发中的贫困县政策、整村推进政策难以惠及残疾人，需要实施个性化扶贫，即针对不同的贫困残疾人及其家庭实施不同的扶贫方案。

---

① 《集中连片特困地区成为主攻区》，http://www.chinadaily.com.cn/hqgj/jryw/2011-12-07/content_4604688.html，2011 年 12 月 7 日。

二 连片特困地区残疾人反贫困措施

(一)"保障"与"开发"并举

残疾人扶贫对象具有特殊性,其身体素质、文化水平远低于一般贫困群体,医疗、交通、康复、生活、教育等支出又显著高于一般贫困群体,因而是农村贫困群体贫困程度最深、扶贫难度最大、返贫概率最高的一个脆弱群体。对于这样一个群体,应采取"保障与开发并举"的发展策略,即在农村地区建立社会保障网,保障贫困残疾人的基本生存;同时,对有劳动能力的残疾人及其家庭实施扶贫开发,缓解农村残疾人的贫困状况。具体包括以下三点措施。

一是"保两端,扶中间"。从年龄段看,农村贫困分布呈现"偏哑铃形"结构,即劳动年龄段的贫困人口比例最低,未成年人贫困比例居次,老年人贫困比例最高。这种现象被称为贫困老龄化[1],而且随着农村老龄化加快、农村空心化越来越严重,老年贫困比例呈现快速上升的趋势[2]。未成年人贫困比例高也是许多国家面临的一个问题[3]。由于社会保障制度不完善,儿童福利制度缺乏,且留守儿童多,我国儿童贫困比例远高于发达国家,连片特

---

[1] 所谓贫困老龄化,是指60岁以上老年人的贫困比例在所有贫困人口中所占比例上升。

[2] 老年贫困的根本因素有两个方面,即养老金和健康状况。研究表明,无退休金的老年人陷入经济贫困的风险比是有退休金老人陷入经济贫困的风险比的22倍(参见王瑜、汪三贵《人口老龄化与农村老年贫困问题——兼论人口流动的影响》)。因医疗制度的不完善,老年人极易进入因病致贫、因贫致病的恶性循环。

[3] 日本厚生劳动省公布的2012年国民生活基础调查结果表明,日本的相对贫困率为16.1%,而18岁以下的"未成年人贫困率"则为16.3%。美国的未成年人贫困率则一直居高不下,1959年,美国未成年人贫困率是27.3%,非洲裔未成年人甚至高达到65.6%。1996年9月美国统计局公布的数据表明,美国贫困线以下的人口所占比例为13.8%,但是18岁以下的未成年人、12岁以下的未成年人处于饥饿边缘的比例分别达到22%、25%。到2008年,美国家庭收入在贫困线以下的未成年人的整体贫困率达19%。

困地区残疾儿童贫困现象则更为严重。农村残疾人的贫困年龄分布也呈现这种"偏哑铃形"结构。针对这种现状，连片特困地区的反贫困策略之一是"保两端，扶中间"，即在连片特困地区，对残疾儿童和残疾老人采取以社会保障为主的缓贫政策，而扶贫开发的对象则主要以劳动年龄段的残疾人为主。残疾儿童社会保障政策包括：残疾儿童的免费筛查报告制度和贫困残疾儿童的免费抢救性康复制度，大幅度提高贫困残疾儿童的医疗救助，建立贫困残疾儿童的义务教育补助制度。而残疾老年人的福利政策则主要以完善养老保障和医疗保障制度为主，包括：大幅度提升养老金，提高新农合的报销比例，建立困难老年残疾人慰问金制度。

二是"保重度，扶家人"。即使处于劳动年龄段的残疾人并非均是扶贫对象。部分重度残疾人完全丧失劳动能力，这部分群体不具备扶贫开发的价值，通过两条措施缓解他们的贫困。第一，通过完善残疾人社会保障制度，保障重度残疾人的基本生活。这些制度包括：建立重度残疾人护理补贴制度和困难残疾人生活补贴制度；扩大重度残疾人康复补助范围，并提升标准；落实精神病人免费服药制度等。第二，重点扶持重度残疾人家庭成员或其监护人，实施优惠政策缓解其照顾重度残疾人而造成的生活贫困。

三是"扶难点，助边缘"。目前的扶贫政策受益对象往往是有一定发展能力、易脱贫的残疾人。如残疾人扶贫基地需要有一定的投入，形成一定规模；农村残疾人危房改造项目需要残疾人家庭有一定的能力进行改造；残疾人小额信贷对象往往是家庭条件好、自身发展能力强的残疾人①。这种"锦上添花"的扶贫思路应

———
① 各地均存在小额信贷申请人数少的现象。造成这种现象的原因在于信用贷款设置的担保制度。银行为了减少风险，担保制度非常严格，担保人通常是村里的邻居、村干部或信贷员，这些人通常不愿为残疾人担保，这导致一些需要小额信贷的残疾人无法申请到资金。据报道，2008年宜昌残联实施就业信贷，当时只有17名残疾人提交了贷款申请，其中4人成功拿到小额贷款，财政预算安排的500万元，只发放了8万元（参见《宜昌残疾人小额贷款遇尴尬》，http://news.sxxw.net/html/20089/12/197338.shtml）。

得到改变，农村残疾人扶贫对象首先应定位于最困难的家庭，包括一户多残家庭、重度残疾人家庭、无劳动力残疾人家庭、长期治疗或服药的残疾人家庭、无技能且文化水平低的残疾人家庭。扶贫资源包括信息、资本、人力资本等应向他们倾斜，尤其要根据他们各自的实际情况，制定脱贫方案，由专人负责，定期检查和修订，加强督促和落实。对于具有一定发展能力、处于贫困边缘的残疾人及其家庭，则以提供服务为主，包括信息服务、培训服务、职业规划、就业指导等。

（二）"生活"与"生产"并重

连片特困地区的贫困面和贫困程度都要广于和深于其他地区，而生活在这些地区的残疾人是贫困面最广、贫困程度最重的群体，一些残疾人依靠自身或家庭无法解决其生存问题，急需社会和政策的帮助才能生存。目前，农村地区已普遍建立了最低生活保障制度，保障了绝大多数贫困残疾人的吃饭问题，与此同时，残疾人的住房问题开始凸显。本次调查发现，连片特困地区残疾人家庭的住房问题相当突出，一些家庭住房难避风雨，随时都有倒塌的危险；还有一些残疾人家庭没有自建住房，借住在亲友家中或由村里安排临时住房，缺乏基本生活条件。因此，连片特困地区残疾人反贫困的首要任务是保障残疾人的基本生活，为此要完善残疾人社会保障制度。具体包括以下内容。

一是建立残疾人基本社会救助制度。基本社会救助主要包括困难残疾人生活补助制度、重度残疾人护理补贴制度、困难残疾人康复服务补贴制度、困难残疾人辅助器具补贴制度。到 2015 年年，全国过半省市已建立了困难残疾人生活补助制度和重度残疾人护理补贴制度，还有部分省市正在试点困难残疾人康复服务补贴制度和困难残疾人辅助器具补贴制度，各地做法不一，补助标准差距较大，急需出台全国政策，统一上述四项制度，使之上升为全国性的残疾人基本社会救助制度。

　　二是加大住房困难残疾人住房补助力度。对于残疾人的危房问题，国家和地方出台了多项政策，支持残疾人住房改造和改建。但是，一方面这些政策大都属于比较笼统的原则性意见，缺乏实施细则。原则性规定往往无法落到实处，最终政策效果大打折扣。建议地方政府制订具体的实施目标和达到目标的手段及方法，使之具有可操作性。同时，这些政策规定的支持力度较小，贫困程度较深的残疾人家庭难以享受到政策的支持。针对这种现状，建议根据贫困等级、家庭结构和危房等级对残疾人家庭危房改造给予补助，补助标准在现有基础上应得到大幅度提升；对于完全无能力修建住房的贫困残疾人家庭，实施"交钥匙"工程，即政府修好房子，残疾人家庭免费入住，产权归私人所有。

　　在保障农村贫困残疾人的基本生存的基础上，重点解决残疾人的发展问题。20 世纪 70 年代，阿玛蒂亚·森提出可行能力理论，改变了从收入角度衡量贫困的单一现状。联合国开发计划署（UNDP）基于这一理论构建了多维贫困测量指标体系，其发布的《2013 年人类发展报告》已将多维贫困指数作为衡量国家发展水平的指标之一，联合国开发署对多维贫困的测量包括三个维度：教育、健康和生活标准。对于农村残疾人而言需要社会和政策的帮助才能生存。但从长期来看，由于农村残疾人人力资本匮乏，完全不能或只能进行有限生产，社会和政策帮助稍有变动则其极易重新陷入贫困。现代人力资本理论认为，受教育程度与健康状况是决定劳动者人力资本拥有量的两个关键因素。受教育程度越高，健康状况越好，则劳动者的能力越强，人力资本量越高。对于农村残疾人而言，其在健康方面本身已处于弱势地位，同时他们的受教育程度也与全社会平均水平存在很大差距。根据《2013 年度残疾人状况及小康进程监测报告》，2013 年学龄残疾儿童和全国非残疾学龄前儿童接受义务教育的比例差距巨大，前者仅为 72.7%，而后者则近乎 100%。因此，对于农村残疾人应该采取"生活"与"生产"并重的发展战略，即在完善农村残疾人生存保障制度的同时，扶助残疾人的生产，提升残疾人的人力资本，增强农村残疾人的自我发展能力，使其通过自身实现脱贫致富。

一是重点开发残疾人人力资本。残疾人通常会掉入"贫困、残疾—受教育程度低—更贫困"的循环，甚至产生贫困的代际传递。因此，治愚先治贫，即需要从提升残疾人的人力资本入手，打破贫困的循环圈。在教育方面需要加强普及义务教育，保障残疾人尤其是残疾儿童的受教育权；大力倡导残疾人随班就读，促进其实现社会融入；对于不符合随班就读的残疾人，应满足其进入特殊学校继续学习的需求；在资金支持上，变地方财政支持为中央财政支持，避免教育经费投入的地区差异，最大限度地保证经费投入的延续性和稳定性；实用技能培训要因地制宜提供有针对性的技能指导，提供免费或低收费的实用技能培训，做好培训跟踪与结果评估工作。在健康方面要建立残疾预防和康复体系。通过教育和健康投资提升残疾人人力资本，为其谋求发展奠定基础。

二是帮助残疾人家庭制定职业发展规划。农村贫困残疾人家庭具有很强的异质性。这种异质性不仅表现在残疾类型和残疾等级上，还表现在生存层次和生活环境上。这就要根据不同残疾人家庭的特殊需求和他们自身的特征以及当地的经济社会环境，实施"一户一策"扶贫战略，帮助残疾人家庭制定职业发展规划。如在实用技能培训中，因地制宜地提供有针对性的技能指导。培训的目的要立足在使贫困残疾人可以依托周围熟悉环境的资源获得收入的提升，可以结合当地产业特点，考虑残疾人自身的身体条件、知识储备和技能结构，使贫困残疾人获得实用技术和经营本领，提高其参加生产劳动的能力和经营管理技能。

三是整合各方资源，形成帮助残疾人脱贫的合力。残疾人致贫因素复杂多样，包括人力资本缺乏、劳动要素缺乏、资本要素缺乏以及社会排斥等因素。这些因素决定农村残疾人扶贫是一项专业性很强的工作，不仅要了解残疾人的生理和心理特征，还需要掌握残疾人的家庭经济、人力资源等要素，更要综合利用自然资源和社会资源，制订个性化的方案。因此，在扶贫过程中，扶贫措施需要多样化，注重残疾人教育、残疾人康复以及劳动要素和资本要素等各项政策的均衡发展；同时，扶贫供给主体需要多样化，除政府承担主要责任外，更需调动社会组织力量参与扶贫，如发挥党的基层组织作用，大力培育和支持国内社会组织参与扶贫助残活动，鼓励国际和国外组织参与扶贫助残活动等。整合各方资源，形成帮助残疾人脱贫的合力，从而帮助农村残疾人更加有效地脱贫。

（三）"减支"与"增收"齐抓

通过提升残疾人人力资本，促进残疾人就业；建立残疾人社会保障制度，使其失去劳动能力时获得基本的收入，保障其基本生存。这些措施都是残疾人及其家庭"增收"的主要措施，也是农村贫困残疾人摆脱贫困的主要途径。但是，残疾人的贫困不仅是收入少或没有收入来源的结果，还是支出高的结果。尤其是重度残疾人家庭，因巨额的医疗康复支出而陷入贫困境地，难以脱贫，并形成"因病致残—因残致穷—因穷致病"的恶性循环①。因此，缓解连片特困地区的残疾人贫困，不仅需要"增收"，更需要"减支"。残疾人的支出主要集中于康复、医疗、辅助器具等项目上，要减少这些项目的支出，需要完善残疾人公共服务体系。

一是修订新型农村合作医疗目录，提高残疾人医疗报销比例。

---

① 根据 2008 年度全国残疾人状况及小康进程监测报告和国家统计局《2008 中国统计年鉴》，全国城乡居民年消费性支出结构中，医疗保健占消费性总支出不足 7%，居八项消费支出的第六位；而残疾人的医疗保健支出位居食品之后，排在第二位，占消费性总支出的 20% 左右。《中国残疾人状况及小康进程监测报告》显示，2007—2012 年，农村残疾人家庭人均医疗保健支出为 884.4 元，是全国农村居民家庭人均医疗保健支出的 1.72 倍；农村残疾人家庭人均医疗保健支出占全部消费支出的比重为 17.0%，比全国农村居民平均水平高出 8.3 个百分点。参见薄绍晔《农村残疾人医疗保障状况及体制机制完善的思考》，《中国医疗保险》2013 年第 11 期。

目前，新型农村合作医疗的报销比例偏低，多数地区的报销比例低于50%，二级医院和三级医院的报销比例更低。产生这种现象的根本原因在于目前农村新型合作医疗缴费比例过低，为达到收支平衡，各地对新型农村合作医疗的门诊补偿、住院补偿、大病补偿等都做了严格限制，甚至难以满足基本医疗需求，尤其难以考虑到残疾人的特殊医疗和康复需求，从而导致残疾人在治疗和康复的过程中产生高昂的费用，家庭易陷入贫困。针对这种情况，从中央到地方都在制定相关政策，包括精神病免费用药政策、康复资助政策、将部分医疗康复项目纳入报销范围等。这些政策在一定程度上缓解了农村残疾人家庭的医疗和康复负担，但是还有许多需要改进的地方，如政策过于零散，没有系统性；各地在政策设计上差异过大，缺乏统一性；政策执行难以到位，缺乏强制性。我们建议相关部门组织专题调研，列出农村残疾人基本医疗和康复需求，推动卫计委制定适合残疾人医疗的优惠政策，包括扩大新型农村合作医疗报销目录，提高残疾人门诊补偿、住院补偿和大病补偿标准等。

二是制定农村残疾人基本辅助器具目录，将其纳入医疗保险报销范围。目前农村残疾人辅助器具配置率过低，许多贫困残疾人使用自制简易辅助器具。造成这种现象的原因在于地方财力有限，免费或减免发放辅助器具的范围很小。由于没有辅助器具，残疾人的活动范围和残疾人的发展都受到限制。解决这一问题，需要将基本辅助器具纳入医疗保险报销目录；同时地方财政给予适当支持，扩大辅助器具免费发放范围，惠及更多的农村贫困残疾人。

三是加大农村残疾人医疗救助和康复资助力度。目前，部分地区针对残疾人的就医和康复问题，实施了医疗救助和康复资助政策。但是普遍存在补助和资助标准低、受益对象窄等问题，减贫效果不明显。建议扩大残疾人参保补助范围，将残疾程度轻但家境贫困的残疾人及其家庭成员纳入资助范围；适当放宽医疗救助的病种范围，尤其要将罕见病纳入救助范围；残联部门可以针对某些特殊病种设立医疗救助和康复资助专项基金。

四是发挥商业保险作用，建立团体性的补充医疗保险制度。新农合在防止因病致贫方面发挥的作用非常有限，尤其对于重病大病，新农合难以减轻参保家庭的医疗负担。针对这种情况，可以由地方残联组织建立团体性、商业性的补充医疗保险制度，参保对象为残疾人，费用由个人缴纳和残联资助两部分组成。

三　完善残疾人反贫困组织体系

（一）　改革管理体制

残疾人扶贫是一项非常复杂、艰巨的工作，仅靠扶贫办或残联难以达到扶贫目标。根据国务院各部门的分工，国务院扶贫办是农村扶贫的主管机构，但是在实际操作中，地方政府把残疾人扶贫工作推给残联部门，残联部门在开展残疾人扶贫时处于"无手段、无资金、无人员"的"三无"状态，扶贫力不从心。为此，农村残疾人扶贫首先要明确扶贫办和残联的职责和分工，建立新的管理体制。基本思路是：扶贫办主管农村残疾人扶贫业务，残工委组织实施考核和监督，残联配合并组织实施。

目前，以四川为代表的地方残联开始实施改革，通过建立联动机制，建立起跨部门界限、将整个社会治理组织联合起来的新型网络组织，最终构建一个以残疾人为中心的无缝隙的公共服务网络。在农村残疾人扶贫过程中，四川省充分发挥残工委的作用，协调各部门的利益，明确各部门的分工，通过建立考核机制促使各部门在农村残疾人扶贫过程中发挥作用。

（二）　提升专业化水平，完善扶贫信息系统

一是提升残疾人扶贫队伍的专业化水平。农村残疾人扶贫是一项专业性很强的工作，不仅要了解残疾人的生理和心理特征，

还需要掌握残疾人的家庭经济、人力资源等要素，更要综合利用各种自然资源和社会资源，制订个性化的方案，并检查督促落实方案。这就要求相关负责人不仅是一位理论水平和实践水平较高的工作者，也应是一个资源整合中心，其能力和素养决定了方案的成败。因此需要大力提升现有残疾人专干的专业素质，逐步引进专业社会工作者，运用个案工作方法，为残疾人提供个性化服务。目前，社会工作者在我国残疾人服务中介入还远远不够①，残疾人服务工作的递送多由政府部门或政府部门委托的组织全权负责，社会工作者无用武之地。目前当务之急是培训现有的残联专干，提升其专业化水平。建议在连片特困地区实施"残联专干扶贫业务培训工程"，首先将连片特困地区区域县分管扶贫工作、残疾人工作的党政干部轮训一遍，培训内容以残疾人扶贫理念和制度设计为主；然后，对县（区）残联扶贫部门的业务人员进行培训，培训内容以政策解读和扶贫措施为主；最后，对乡镇残联专干进行培训，培训内容以扶贫方法、资源整合、社会工作方法等为主。除此之外，以后还要逐步引入社会工作专业的毕业生，充实基层残联队伍，提升残疾人扶贫的专业化水平。

二是完善残疾人扶贫信息系统。此信息系统主要收集农村残疾人及其家庭成员的基本情况、家庭收入和消费、服务需求等信息，这一信息系统应该是动态的，信息能得到及时更新。基于这些信息，实施不同的扶贫方案，并对扶贫方案进行及时调整。目前，一些地方正在尝试改革残疾人公共服务模式，建立了个性化的服务模式，实践证明这种效果非常好。如四川省建立了"量体

---

① 目前，一些地方残联勇于探索，锐意改革，探索残疾人事业发展的新道路，其中四川省开展的"量体裁衣"个性化服务就是一个典型。在四川省"量体裁衣"个性化服务模式创新的过程中，残疾人专干专委发挥着重要作用，他们或者是残疾人，或者是热心于残疾人事业的正常人，他们以满腔的热情投入到残疾人服务中，受到残疾人的好评。但是，他们当中的绝大多数未受过社会工作专业训练，在制订个性化方案时难以根据残疾人的特点制订详细而可行的方案。

裁衣"个性化信息系统，针对不同的残疾人需求提供个性化的服务方案，每个残疾人及其家庭的信息被录入信息系统，建档立卡，实时掌握每个残疾人的动态信息，在每个阶段制订不同的帮扶方案。建议在此基础上开发连片特困地区农村残疾人扶贫信息系统，使连片特困地区的扶贫更有针对性。

（三）发挥政治体制优势，形成全社会共同扶贫格局

一是发挥党的基层组织和党员的带头作用。我国政治体制的优势在于中国共产党组织在经济社会发展中起着举足轻重的作用，党的组织动员能力是实现共同富裕的重要保障。在农村残疾人扶贫过程中，党具有政府或其他组织不可替代的作用。目前，党的基层组织和党员的模范带头作用还没有充分发挥出来。今后，应将残疾人反贫困列入各级党委工作中，发动党政部门的领导干部、党团员与残疾人及其家庭结成帮扶对子，开展"帮、包、带、扶"工作。

二是大力培育和支持国内社会组织参与扶贫助残活动。目前，一些具有官方背景的民间组织活跃于扶贫领域，如中国扶贫基金会、中华慈善总会、中国光彩事业促进会、中国青少年发展基金会，但是纯民间组织从事扶贫的数量较少，尤其是从事残疾人扶贫的民间组织相当有限。与政府相比，社会扶贫助残组织贴近基层、扶贫领域多元、扶贫方式多样化，具有强针对性、专业性、持续性、公益性、民主性的特点，在持续创新冲动下能够适应快速变化的需求[1]，因而应成为残疾人扶贫的重要力量。为鼓励国内民间组织参与扶贫，政府可以在部分地区试点，采取政府购买服务的方式，引导民间组织从事农村残疾人扶贫。建议首先在连片特困地区进行试点，列出购买服务目录清单，面向全社会招标。同时，鼓励残疾人自组织的发展，培育发展不同类型的职业化、专业化的残疾人服务组织。

---

[1]　郑功成：《中国的贫困问题与 NGO 扶贫的发展》，《中国软科学》2002 年第 7 期。

　　三是鼓励国际和国外组织参与扶贫助残活动。国际组织具有资金雄厚、人才国际化、项目管理经验丰富等优势，部分国际组织长期与中国政府合作，对中国的实际情况也比较了解。如世界银行、国际助残组织、国际劳工组织与中国政府和残联进行了多个项目的合作，取得了良好的效果。此外，国际计划、国际行动援助、世界宣明会、救助儿童会、中国香港乐施会、美国国际小母牛项目组织等均在中国开展了扶贫项目，对于缓解中国农村贫困起到了一定的作用。但是目前国际组织参与残疾人扶贫的项目较少，建议政府和残联部门加强与国际组织的合作，同时引进国外 NGO 组织，鼓励他们在连片特困地区设立扶贫助残项目，为他们开展活动提供必要的条件。为此需要政府调整对国际境外民间组织进入中国的相关政策，让政策透明，使国际和国外组织从事残疾人扶贫事业有法可依，有章可循。目前，可针对 14 个连片特困地区的最迫切需要解决的问题，列出清单，吸引一批国际组织进入连片特困地区，引进资金、项目和人才，从事和开展残疾人扶贫开发活动。

（四）加强农村残疾人扶贫理论研究

　　残疾人是农村社会的弱势群体，是需要全社会关注的重点人群，需要理论研究部门的重视。但是从现有的研究看，农村残疾人贫困理论研究落后于残疾人政策的实践。从研究力量看，自 2007 年以来，我国高校中，中国人民大学、北京大学、南京大学、吉林大学、山东大学、武汉理工大学、四川大学、南开大学八所院校建立了残疾人事业理论研究机构，相对于中国上千所高等院校和 8500 万残疾人，这些研究力量远远不能满足现实的需要。而且，在上述研究机构中，多数学者将研究集中于残疾预防和康复、残疾人就业、残疾人社会保障等领域，农村残疾人的贫困研究往往被忽视。从研究成果看，有关残疾人扶贫的文章不超过百篇，而关于农村残疾人扶贫的专著则至今还没有，只在少数专著中有部分章节中涉及农村残疾人的反贫困问题。建议中国残疾人联合会在每年的课题规划中增加残疾人反贫困的课题数量，并与社科规划办公室进行协商，在国家社科基金中增加农村残疾人反贫困课题，以吸引更多的科研工作者投身于残疾人反贫困研究。同时，加强与国际组织的合作，引导其将资金投入到农村残疾人反贫困的研究中。

四　针对不同地区实施有针对性的反贫困措施

（一）制定区域规划，强化地方特色

中共中央、国务院印发的《中国农村扶贫开发纲要（2011—2020年）》提出将14个连片特困地区作为扶贫攻坚主战场，要求加大投入和支持力度，加强对跨省片区规划的指导和协调，集中力量，分批实施。并要求在国家指导下，以县为基础制定和实施扶贫攻坚工程规划。2013年，国务院扶贫办和国家发展改革委发布了六盘山区、秦巴山区、武陵山区、乌蒙山区、滇桂黔石漠化区、滇西边境山区、大兴安岭南麓山区、燕山－太行山区、吕梁山区、大别山区、罗霄山区等11个区域的区域发展与扶贫攻坚规划（2011—2020年）。

通过调查发现，虽然上述地区都属于连片特困地区，但是各地区的自然环境、人文历史、经济社会等各方面均存在非常大的差异，不同地区的残疾人在贫困致因、面临的困难、政策期望等方面也存在显著差异，各地的反贫困政策应根据"因地制宜，分类指导"的原则确定。

首先，制订连片特困地区的残疾人反贫困计划。虽然在国务院扶贫办和国家发展改革委发布的11个连片特困地区的区域发展与扶贫攻坚规划中均将残疾人作为重点人群加以区别对待，但是这些内容均是原则性的，而非操作性的。建议参照11个区域的扶贫规划，制定更加具体的连片特困地区残疾人扶贫规划。由中国残联牵头，组织相关专家进行专项研究，摸清各个连片特困地区残疾人贫困现状，分析其贫困原因，然后组织各连片特困地区的各级政府制订 11 个连片特困地区的残疾人扶贫方案。在制定规划时，要注意连片特困地区残疾人扶贫规划与国务院连片特困地区的区别，前者规划的重点是特殊人群，后者规划的重点是区域发展。

其次，加强连片特困地区内部的协调。每个连片特困地区均涉及不同的省域，在现行行政管理体制下，如果不加强内部协调和上一级的领导，就会互相掣肘，步调不一致，扶贫效果下降。为此建议中国残联加强连片特困地区的领导工作，成立连片特困地区残疾人扶贫领导小组，由主管扶贫工作的副理事长任领导小组组长，各连片特困地区的省市领导任领导小组成员，定期召开协调会。

最后，突出地方特色、突出残疾人特色。虽然上述地区均属于连片特困地区，但是区域之间存在很大差别，如自然环境、地理气候、贫困致因、贫困深度等各方面均有很大差别，从现有的调查看，不同区域的残疾人致残原因、残疾类型、残疾程度存在差别，因此在制定残疾人反贫困规划时，要因地制宜，因人而异，尤其要突出地方特色，制定符合当地实际情况的残疾人反贫困规划。另外，残疾人的特征，如身体和心理的弱势性、贫困的深度、贫困的致因等，有别于老年人群体、妇女贫困群体、少数民族群体，是这些弱势群体的综合，内部异质性高，因此残疾人反贫困政策的复杂性远高于其他群体。残疾人扶贫政策应该结合残疾人特色而制定，才能做到有的放矢，提高反贫困效率。

（二）台江县：重点解决残疾人的基本生存

由于历史、自然条件等各种因素的影响，少数民族地区的贫困程度远高于其他地区。2006—2010 年，民族自治地方的贫困发生率分别是 18.9%、18.6%、17.6%、16.4% 和 12.2%，与全国同期贫困发生率（6.0%、4.6%、4.2%、3.8% 和 2.8%）相比，分别高出 12.9、14.0、13.4、12.6 和 9.4 个百分点。2006—2010年，民族自治地方农村贫困人口占同期全国农村贫困人口的比重分别为 44.5%、52.2%、52.5%、54.3% 和 55.1%，呈逐年增加趋势[1]。民族扶贫县的贫困程度比全国平均水平和国家扶贫重点县的平均水平更深：贫困发生率比国家扶贫重点县（8.3%）高 2.2个百分点，比全国平均水平（2.8%）高 7.7 个百分点[2]。而且西南少数民族扶贫重点县通常受到自然条件恶劣、基础设施落后、经济发展不足等因素的制约，脱贫的难度很大。台江是一个以少数民族为主的贫困县，具备民族扶贫重点县的所有劣势，且山高坡陡，耕地面积少，目前人均耕地面积不到 0.7 亩，且人均耕地减少的趋势有增无减。人口剧增，人均占有耕地锐减，使解决温饱问题越来越困难。为解决耕地不足问题，山区村寨不断在陡坡砍伐森林进行开荒，森林毁坏严重，林地迅速缩小，使水文日益恶化，水土大量流失，中低产田不断扩大，生产条件进一步恶化。而且因生态环境遭到严重破坏，台江县各种自然灾害也急剧增加，收成每况愈下，贫困残疾人的生产和生活都难以为继。过度开发，易形成土地贫瘠—开荒开垦—土地退化—开荒开垦的恶性循环，而石漠化土地资源的劣化又反作用于自然资源，使恶性循环加剧。这导致了台江县农村残疾人的生存状况恶劣，与其他四个县相比，台江县保障残疾人的基本生存任务更加艰巨。

除自然环境外，制约台江县农村残疾人发展的最重要因素是人的素质。调查表明，台江县残疾人未受教育的比例远高于其他四个县，平均受教育年限也是最低的。许多残疾人从没有上过学，

---

[1] 国家统计局农村社会经济调查司：《中国农村贫困监测报告（2011）》，中国统计出版社，2010。
[2] 国家统计局农村社会经济调查司：《中国农村贫困监测报告（2011）》，中国统计出版社，2010。

学习新技术的能力很差，也没有勇气走出大山，即使外出打工，也难以在外立足。因山高路远，交通不便，村寨与外界交往较少，多数中老年人不会说普通话，甚至听不懂普通话，而这又使他们难以融入外部的生活①。

上述因素导致了台江县农村残疾人反贫困的任务最为艰巨，依靠台江县的财力难以在短期改变贫困现状，必须借助外力。这些外力包括：各级政府部门的转移支付和民间组织的帮扶。台江县缓贫的重点是构建残疾人基本生活保障网，主要从两个方面入手：一是提高连片特困地区农村最低生活保障标准，扩大受助面。建议连片特困地区的农村低保标准不低于全省平均水平，将连片特困地区的低保受助率提升至高于全省平均水平的5—10百分点。因连片特困地区的县级财政弱，中央和省级至少承担全部低保资金的90%。二是快速推进"两项补贴"制度，即困难残疾人生活补贴制度和重度残疾人护理补贴制度。建议中央财政设立专项资金，在连片特困地区建立"两项补贴"制度，省级财政分担一定的比例，县级财政承担的比例不高于10%。

（三）洞口县：优先解决残疾人住房问题

在扶贫开发中，危房改造被列入政府的重点工作。中办国办印发《关于创新机制扎实推进农村扶贫开发工作的意见》明确提出"制定贫困地区危房改造计划，继续加大对贫困地区和贫困人口倾斜力度"。其提出的目标是"到2020年，完成贫困地区存量农村危房改造任务，解决贫困农户住房安全问题"。针对残疾人住房困难问题，《中共中央国务院关于促进残疾人事业发展的意见》（中发〔2008〕7号）、国务院办公厅转发的《关于加快推进残疾人

---

① 在五个县的调查中，台江县残疾人平均在家务工的人数最多。而且我们在调查中发现，很多年轻人外出打工，难以适应东部地区的生活方式，原因在于不仅言语不通，而且生活方式也难以融入当地，由此部分年轻人往往打工不到一年就回家了。

社会保障体系和服务体系建设指导意见的通知》（国办发〔2010〕19号）、中国残疾人联合会六部委联合下发《关于优先解决城乡低收入残疾人家庭住房困难的通知》均提出了改造目标，并制定了具体措施。但是，洞口县有着特殊情况。2011年以前，洞口县未被纳入全国扶贫开发重点县，也未得到湖南省扶贫开发的重点支持，农村残疾人危房改造进度比较缓慢，受益家庭很少。即使受益，补助标准也过低（低于8000元/户），难以有效缓解住房困难。相较于其他四个县，洞口县残疾人家庭危房改造的愿望更加迫切。

洞口县解决残疾人住房问题，可以从以下几个方面入手。

一是落实相关政策，制定实施细则。湖南省人民政府发布了《湖南省农村残疾人扶贫开发实施纲要（2011—2020年）》，提出"到2015年，通过保障性安居工程，特别是农村危房改造计划的落实，帮助改善农村贫困残疾人家庭居住条件。到2020年，农村残疾人家庭危房得到有效改善，残疾人家庭居住条件明显提高"。但是，对于如何实施"阳光安居工程"却没有给出具体意见，其只是提出"在保障性安居工程、新农村建设、小城镇建设、易地扶贫搬迁、生态移民、农民进城落户、农村危房改造过程中，对农村贫困残疾人家庭住房给予优先安排"等比较笼统的原则性意见。建议地方政府制订具体的实施目标和达到目标的手段及方法，使之具有可操作性。

二是多渠道筹措资金。（1）加大投入。中央和湖南省的农村残疾人扶贫开发实施纲要均提出了要加大各级政府的投入，多渠道安排资金，加大对农村贫困残疾人家庭危房改造。但是对于各级政府的财政责任分担还需要进一步细化，多渠道的筹资机制还需要进一步明确。针对洞口县残疾人的需求，应优先将资金分配于住房改造中，加大对残疾农户土坯房改造资金的投入，提高对残疾农户住房改造的补助水平。在普惠补助标准的基础上，视残疾农户的具体情况加以区别对待。（2）充分动员社会力量。将特别困难的残疾农户的土坯房改造、改建交由各个部门、各机关、事业单位包扶、包建；动员有实力的企业和组织为农村土坯房改造、改建捐资出力；组织残疾农户亲属、邻里相互帮助。

三是改、建结合。对农村残疾农户，家庭情况允许的，鼓励其重建住房，政府给予资助。对于家庭境况较差的农村残疾户，则在原房屋的基础上进行改造和维修，需要加固的进行加固，并统一房屋外貌，统一完成改厕、改灶、坐脊、粉墙。屋内设施上达到人畜分居、照明用电。对于属于五保的残疾人，则由政府统一按标准建造住房。

（四）新蔡县：完善医疗保障体系，打破"贫病交加"循环圈

应该说，在五个调查县中，新蔡县具有较好的区位优势，地处大别山区边缘地带，交通极为便利。从生产方面看，新蔡县残疾人家庭人均承包的土地排在五县中的第一位，交通工具拥有量也排在第一位。但是，新蔡县残疾人贫困具有特殊性，首先是农村残疾人口数量多，其次是重度残疾人比例高，因而扶贫难度较大。通过对五个县的比较发现，残疾人面临的最大困难，新蔡县选择"看病难"的比例仅次于平昌县，排在第二位。结合残疾人贫困特征及残疾人需求，我们建议新蔡县从医疗卫生方面进行突破，通过完善医疗保健制度，解决残疾人的医疗困难，从而缓解其贫困。

一是实施残疾人特惠医疗政策。主要包括：（1）由财政资助贫困残疾人及其家庭参加新型农村合作医疗，提高农村残疾人参合率；（2）建立残疾人大病医疗或互助医疗补充保险，并由财政给予参保补助，减轻其大病医疗负担；（3）扩大新农合报销范围，将符合规定的残疾人康复项目，如残疾儿童医疗康复、白内障复明手术、畸形矫治手术、康复训练、精神病治疗等纳入报销范围。

二是加大对艾滋病患者的救助力度。河南省是全国艾滋病高

发区，针对艾滋病人的救助政策建立较早，如《河南省人民政府办公厅关于印发河南省艾滋病防治工作委员会第八次全体会议纪要的通知》（豫政办〔2009〕159号）、《河南省人民政府关于进一步加强艾滋病防治工作的意见》（豫政〔2011〕56号）对艾滋病人的救助做了规定，确保患者及家人有饭吃、有衣穿、有房住、有基本医疗保障，不使一个学龄儿童失学。今后不仅需要继续落实"四免一关怀"政策，还应进一步加大投入力度，落实相关政策，对农民全部实行免费抗艾滋病毒治疗，免费匿名检查，免费实施母婴阻断；建立联合救助机制，各部门协同作战，共同确保艾滋病人的基本生活，并享受基本医疗服务。

（五）米脂县：完善社会保障，建立社会互助制度

比较五个连片特困地区的基本情况，米脂县残疾人贫困程度最轻，生产资料（尤其是土地）最多，社会保障水平最高。而且，米脂县残疾人数量最少，农村残疾人不到1万，反贫困压力最轻。

而且，米脂县还有以下三个方面的优势。（1）米脂县的经济发展水平在全国处于中等水平。米脂县在农村实行多元经济模式，一方面出台大量惠农政策，另一方面鼓励农民外出打工，农村收入得到快速增长。2008—2012年，米脂农民人均纯收入的增长率最高达到28.7%，农民人均纯收入从2008年的3368元增加到2012年的7509元，农村居民家庭恩格尔系数下降至37.8%。与全国农村居民人均收入相比，米脂县要略低于全国平均水平，而且这种差距正在缩小；与陕西省农村居民人均收入相比，米脂县要高于陕西平均水平，而且这种差距在拉大。这表明米脂县具有较好的农村反贫困基础。（2）米脂县农牧业资源丰富，发展后劲足。米脂县农业人口20.9万人，农村劳动力8.1万人，全县耕地总面积53.6万亩，人均耕地面积2.6亩。米脂县日照充足、土地较多、土质疏松、土层深厚、类型多样，主要以黄土性土壤为主，属典型的黄土高原旱作农业区。小麦、玉米、高粱、谷子及油料作物

等种植普遍，产量较高；经济林有苹果、梨、枣等，且品质优良。米脂县小杂粮生产历史悠久，小米因"米汁渐之如脂"而闻名全国，其中"米脂县香米""米脂县贡米"等品牌更是享誉海内外。从统计数据看，米脂县粮食产量基本稳定，没有大起大落。2012年农作物播种面积46.8万亩，粮食总产量8.4万吨，畜牧业产值达2.3亿元。农业成为农民增收的主要来源。（3）矿产资源丰富，经济增长较快。米脂县有丰富的岩盐、天然气资源，特别是岩盐资源处于陕北奥陶纪盐田的核心地带，探明岩盐储量为1.3万亿—1.8万亿吨，约占全国岩盐总储量的17%，天然气资源分布广泛，已探明控制储量为1382亿立方米，煤炭资源总量超过亿吨。米脂县先后引进建成了年产10万吨聚氯乙烯和年产15亿立方天然气净化项目，开工建设了氯碱二期年产20万吨聚氯乙烯、100万吨真空制盐项目。2012年，米脂县全部工业增加值12.16亿元，实现财政总收入14796万元。工业的发展为米脂县进一步反哺农业提供了条件。

　　针对米脂县的经济和社会发展状况及农村残疾人数量等特征，我们建议米脂县通过完善社会保障制度提升农村残疾人的生活水平。

　　一是提升普惠型社会保障水平。米脂县农村普惠型的社会保障制度主要有最低生活保障、新型农村合作医疗、新型农村养老保险等，现有保障水平相对偏低，保障力度不足，与贫困残疾人的内在需求还存在很大距离。根据米脂县的财政承受能力，提出以下建议：（1）统一全市农村最低生活保障标准，并根据经济发展水平每年调整最低生活保障标准。（2）资助残疾人及其家庭成员参加新型农村合作医疗，提升参保档次；扩大新型农村合作医疗报销目录范围，尤其是残疾人社区康复项目应纳入报销范围，逐步提高农村医疗保险报销比例。（3）提高新型农村养老保险待遇水平。

　　二是加快推进残疾人"两项补贴"制度，即建立重度残疾人护理补贴（受益范围可以先从一级开始，逐步扩展到二级和三级，而且要统一城乡受益标准），建立困难残疾人生活补贴。

三是建立社会互助制度，解决残疾人家庭劳动力短缺问题。（1）充分发挥基层组织力量，开展邻里互助。在村委会的统一安排下，组织村里党员干部及邻居开展志愿服务，帮助村里最困难的残疾人家庭，尤其要发挥乡镇驻村干部的作用，组织村里的劳动力，开展互助活动。（2）开展"一帮一"结对子活动。在乡党委的领导和组织下，以村为单位，动员和组织年轻力壮的党员干部与困难残疾人家庭结成对子，在农忙季节帮助残疾人家庭开展生产活动。（3）开展志愿服务。在乡党委和团委的领导和组织下，在全乡范围内组建志愿者服务队伍，为劳动力短缺的残疾人家庭开展定期或不定期的志愿服务。

（六）平昌县：以住房改造带动扶贫

从五个县的调研结果看，平昌县农村残疾人贫困具有综合性特征，即山高路远，交通不便；山高坡陡，可耕地面积少；危房多，改造难；医疗负担重；等等。这一特征造成平昌县农村残疾人减贫任务重。

平昌县位于四川巴中市，巴中市在扶贫方面的创新给平昌县残疾人扶贫带来新的希望。巴中市于"十二五"期间开始就地农村城镇化建设，实施了"巴山新居"扶贫项目。巴山新居实行了"人畜分离"的卫生标准，并对厨房进行了统一改造。截至2014年5月，巴中市已建成38个中心村、聚居点935个（聚居农户8.52万户、33.23万人）；新建房屋11.66万户、36.73万人搬入新居。在实施"巴山新居"的过程中，残疾人家庭得到更多的支持。巴中市制定的残疾人家庭的优惠政策包括：特别困难残疾人家庭"巴山新居"，对在按标准享受政府土坯房改造补助的基础上，当地政府再给予每户1万元财政扶贫资金补助；特别困难、无力建房的残疾人家庭，可优先享受"巴山新居"廉租房扶贫政策，

对贫困残疾人被拆迁房屋的临时补助费和停业补助费按提高 20%
的标准给予补助，产权调换安置的适当优惠差价结算。

　　但是，这些补助仍然难以完成残疾人住房改造。事实上，在
政府补助 1.6 万—2 万元的情况下，只有不到 20% 的残疾人家庭可
依靠自身的力量完成土坯房改建，另外 80% 的残疾人家庭仍然存
在较大的资金缺口，无力完成改建。建议政府加大对残疾农户土
坯房改造资金的投入，提高对残疾农户的补助。对自我发展能力
弱的残疾人家庭，要在改建时就逐户地帮其规划好修房后家庭的
经济发展。无论是搞种植、养殖还是加工、务工都要逐户落实专
人负责帮助指导，特别是要想方设法解决发展的启动资金。对于
特别困难、确实难以靠自身力量建房的农村残疾人家庭，应推广
农村廉租房制度。巴中市在"巴山新居"建设中，借鉴城市廉租
房和经济适用房建设模式，在重点镇、中心村、聚居点，按当地
贫困残疾人户数配套建设 40—80 平方米的农村廉租房，供无钱修
房的残疾人签约租住，每年收 500 元左右的租金，并为他们优先提
供保洁等公益岗位，以劳抵租，解决其居住和就业问题。到 2013
年 11 月，全市已修建农村廉租房 1002 套 50100 平方米，解决了
900 余户农村贫困残疾人的居住问题。

参考文献

[1] 曹洪民：《中国农村开发式扶贫模式研究》，中国农业大学博士学位论
　　文，2003。

[2] 陈厚义：《贵州连片特困地区区域经济社会发展的对比研究》，《贵州社
　　会科学》2012 年第 10 期。

[3] 程凯、郑晓瑛主编《第二次全国残疾人抽样调查数据分析报告》，华夏
　　出版社，2008。

[4] 陈琦：《连片特困地区农村家庭人力资本与收入贫困——基于武陵山片
　　区的实证考察》，《江西社会科学》2012 年第 7 期。

[5] 陈琦：《连片特困地区农村贫困的多维测量及政策意涵——以武陵山片

区为例》，《四川师范大学学报》（社会科学版）2012 年第 3 期。

［6］ 第二次全国残疾人抽样调查办公室编《第二次全国残疾人抽样调查资料》，中国统计出版社，2007。

［7］ 杜鹏：《中国农村残疾人及其社会保障研究》，华夏出版社，2008。

［8］ 韩广富、李万荣：《当代中国农村扶贫开发瞄准目标的调整》，《社会科学战线》2012 年第 10 期。

［9］ 姜向群、胡立瑷、山娜：《农村残疾人的社会保障状况及社会保障需求》，《人口学刊》2011 年第 3 期。

［10］ 廖锦成、卢珍菊、韦琪、蓝棣：《新阶段滇桂黔石漠化连片特困区扶贫开发问题与对策研究——以河池片区为例》，《市场论坛》2012 年第 8 期。

［11］ 刘筱红、张琳：《连片特困地区扶贫中的跨域治理路径研究》，《中州学刊》2013 年第 4 期。

［12］ 卢江勇、陈功：《贫困残疾人的社会保障问题研究》，《中国人口·资源与环境》2011 年第 S2 期。

［13］ 乔尚奎、刘诚：《农村残疾人社会保障与扶贫开发政策研究》，《残疾人研究》2012 年第 1 期。

［14］ 唐睿、肖唐镖：《农村扶贫中的政府行为分析》，《中国行政管理》2009 年第 3 期。

［15］ 童星：《残疾人社会政策的基点》，《甘肃社会科学》2013 年第 1 期。

［16］ 万海远、李超、倪鹏飞：《贫困残疾人的识别及扶贫政策评价》，《中国人口科学》2011 年第 4 期。

［17］ 王珏：《中国残疾人康复需求分析与发展研究》，华夏出版社，2008。

［18］ 王俊文：《当代中国农村贫困与反贫困问题研究》，湖南师范大学出版社，2010。

［19］ 邢成举、葛志军：《集中连片扶贫开发：宏观状况、理论基础与现实选择——基于中国农村贫困监测及相关成果的分析与思考》，《贵州社会科学》2013 年第 5 期。

［20］ 许琳、王蓓、张辉：《关于农村残疾人的社会保障与社会支持现状研究》，《南京社会科学》2006 年第 5 期。

［21］ 徐月宾、刘凤芹、张秀兰：《中国农村反贫困政策的反思——从社会救助向社会保护转变》，《中国社会科学》2007 年第 3 期。

［22］许源源:《中国农村扶贫瞄准问题研究》,中山大学博士学位论文,2006。

［23］闫芳:《农村残疾人事业:现状、问题与对策——基于河南的调查》,《中州学刊》2008 年第 5 期。

［24］杨立雄、王海萍:《新蔡县农村残疾人贫困状况调查分析》,《残疾人研究》2014 年第 1 期。

［25］杨立雄、胡姝:《中国农村贫困线研究》,中国经济出版社,2013。

［26］杨立雄、兰花:《中国残疾人社会保障制度》,人民出版社,2011。

［27］杨立雄、吴伟:《中国残疾人扶贫政策的演变与评价》,《湖南师范大学社会科学学报》2009 年第 1 期。

［28］杨颖:《中国农村反贫困研究》,光明日报出版社,2011。

［29］张大维:《生计资本视角下连片特困地区的现状与治理——以集中连片特困地区武陵山区为对象》,《华中师范大学学报》(人文社会科学版)2011 年第 4 期。

［30］张钧等:《少数民族残疾人的社会经济状况》,《人口与发展》2011 年第 3 期。

［31］张立群:《连片特困地区贫困的类型及对策》,《红旗文稿》2012 年第 22 期。

［32］张一:《文化适应视角下的农村残疾人扶贫政策体系创新研究》,《残疾人研究》2012 年第 1 期。

［33］周彩姣:《制度困境与残疾人的经济参与:一项实证研究》,《甘肃社会科学》2011 年第 4 期。

［34］周猛:《集中连片特困地区的致贫因素和减贫对策探析——以西藏自治区改则县为例》,《开发研究》2012 年第 6 期。

［35］周沛、曲绍旭:《残疾人两个体系建设创新研究》,《西北大学学报》(哲学社会科学版)2011 年第 6 期。

［36］周丕东、崔岿、詹瑜、孙秋:《贵州乌蒙山区农村扶贫开发对策研究》,《贵州民族研究》2012 年第 2 期。

［37］赵曦:《中国西部农村反贫困模式研究》,商务印书馆,2009。

图书在版编目（CIP）数据

残者有助：农村贫困残疾人群帮扶政策评估及建议/杨立雄著.
—北京：社会科学文献出版社，2015.10
（中国贫困片区精准脱贫研究丛书）
ISBN 978 - 7 - 5097 - 8153 - 1

Ⅰ.①残…　Ⅱ.①杨…　Ⅲ.①农村 - 残疾人 - 扶贫 - 研究 - 中国
Ⅳ.①D669.69

中国版本图书馆 CIP 数据核字（2015）第 234685 号

中国贫困片区精准脱贫研究丛书
残者有助：农村贫困残疾人群帮扶政策评估及建议

著　者 / 杨立雄

出 版 人 / 谢寿光
项目统筹 / 谢蕊芬
责任编辑 / 谢蕊芬　任晓霞

出　　　版 / 社会科学文献出版社·社会政法分社（010）59367156
　　　　　　地址：北京市北三环中路甲 29 号院华龙大厦　邮编：100029
　　　　　　网址：www. ssap. com. cn
发　　　行 / 市场营销中心（010）59367081　59367090
　　　　　　读者服务中心（010）59367028
印　　　装 / 三河市尚艺印装有限公司

规　　　格 / 开 本：787mm × 1092mm　1/16
　　　　　　印 张：11.75　字 数：159 千字
版　　　次 / 2015 年 10 月第 1 版　2015 年 10 月第 1 次印刷
书　　　号 / ISBN 978 - 7 - 5097 - 8153 - 1
定　　　价 / 49.00 元